AF235984

Radikalisierter Humanismus

Fabian Lehmann

Für Mama.

Bibliografische Information der Deutschen Nationalbibliothek: Die Deutsche Nationalbibliothek verzeichnet diese Publikation in der Deutschen Nationalbibliografie; detaillierte bibliografische Daten sind im Internet über dnb.dnb.de abrufbar.

Kontakt: fab.lehmann@protonmail.com

Herstellung und Verlag: BoD – Books on Demand, Norderstedt

ISBN 978-3-755-78543-9

Inhaltsverzeichnis

Vorwort   9

1   **Wer du bist**   **13**

   1.1   Humanist*in   13

   1.2   Wir sind ein Automaton   15

   1.3   Den Verstand verlieren im Informationszeitalter   18

   1.4   PR steht für Propaganda   22

   1.5   Du bist dumm   24

2   **Warum andere Menschen anders denken**   **32**

   2.1   Über Kühlschränke und Manager-Runden   32

   2.2   Regelsystem Gesellschaft   37

   2.3   Gauß, Empathie und Schichtensicht . .   42

   2.4   Brot, Spiele und Gehaltscheck   47

   2.5   Wie wir die Hälfte unserer Gesellschaft systematisch benachteiligen   49

   2.6   Die Sozialen Medien: Schwarz-Weiß für dein Interesse   52

2.7   Das Betriebssystem des Menschen . . .   54

2.8   Dein Platz in der Gesellschaft   58

3   Wir in: Das Kapital   **61**

3.1   Kapitalismus ist eine Utopie   61

3.2   Von Würde und Freiheit   64

3.3   Genetisch bedingter Reichtum und das
       Märchen einer Chance   68

3.4   Der Wert eines Menschen I   71

3.5   Der Wert eines Menschen II   75

3.6   Gegen den Menschen   80

3.7   Von Universalgelehrten zu Idioten: Ein
       Plädoyer für Open Source   85

3.8   Leistungsloses Grundeinkommen . . .   90

3.9   Wer soll denn all das bezahlen?   93

4   Und die Welt   **97**

4.1   Warum wir keine andere Wahl
       haben als in die Zukunft zu gehen . . .   97

4.2   Methoden des Denkens   101

4.3   Überfluss ist lebenswichtig   105

4.4   Quantenphysik für Uninteressierte . .   107

4.5   Von Geist und Seelenheil   115

4.6   [empty]   117

Vorwort

Ich schreibe, weil ich teilhaben lassen möchte. An meinen Gedanken, an meinen Vorstellungen, an meinen Ideen. Das hier ist Gedankenanstoß, geballt kreativer Freiraum, Kunst. Weder Roman, noch Sachbuch. Manche Passagen mögen philosophisch sein, andere politisch, und andere wiederum wissenschaftlich - mögen dabei aber ebenso naiv oder mindervermittelnd sein: Das hier hat nicht den Anspruch einer neutralen, gar wissenschaftlichen Betrachtung. Alles ist unvollständig, vereinfacht und subjektiv - den Wert bestimmt allein der/*die Lesende und ich bitte darum, die Inhalte nicht überzubewerten.

Zu meiner Person: Ich bin Unternehmer, selbstständig im Bereich Filmproduktion, Physiker, abgebrochener Doktor in Quantenphysik, und letztlich, aber doch zuerst, Mensch. So glaube ich, dass ich mindestens zum Teil eine Ahnung habe, wovon ich spreche. Die einzelnen Kapitel bauen aufeinander auf, sind aber auch zum Reinlesen gedacht. Ich gendere bewusst, ein spezifisches Genus hat also meist seine (historische oder antipatriacharische) Bedeutung als Beispiel. Auch wechsele ich zwischen Zeit- und Ansprechformen, auch hier stelle ich Inhalt und Wirkung vor Konvention. Ich erwarte, dass mitgedacht wird.

Ich wünsche Freude am Lesen und hoffe mindestens

deine Gedanken anzuregen. Denn das beste, was wir tun können, ist, selber bewusster zu sein.

FL 2021

1 Wer du bist

1.1 Humanist*in

Ich bin ein Mensch. Du bist ein Mensch. Ich respektiere dich. Du bist ein lebenswertes Geschöpf und verdienst ein Leben in Würde. Ich wünsche mir deine bestmögliche Entfaltung und Freiheit die deinige zu leben. Ich wünsche mir dies für alle Menschen. Ich empfinde alle Menschen verdienen mindestens dies. Ich lebe für eine bessere Menschheit. Ich lebe freie Entfaltung. Ich lebe Respekt. Ich lebe eine Utopie, die es zu verwirklichen gilt. Ich bin der Überzeugung, zusammen erreichen wir viel mehr als wir uns getrennt jemals vorstellen könnten. Du bist nicht Feind*in, nicht Konkurrent*in, nicht Nutznießer*in - du bist mein Bruder, meine Schwester, meine Familie. Von Mensch zu Mensch ist das meine Hoffnung und mein Antrieb.

Ich glaube an eine Welt, die so viel besser sein könnte, wenn wir jedem Menschen ein würdevolles Leben ermöglichen. Ich bin überzeugt von einem Harmoniebedürfnis eines jeden, und bin überzeugt von einem Schlag in die Fresse, wenn keine Wahl bleibt. Ich weiß den Menschen als ein Individuum in Bewusstsein. In einer humanistischen Gesellschaft steht der Mensch im Zentrum seiner selbst. Selbstbestimmung hat so viel mehr Richtungen als oben und unten. Wenn anders nicht mehr besser heißt und du dich nicht mehr einordnen musst. Wenn du so frei bist, wie es andere frei lässt. Wenn nicht Geld, Macht, Herkunft, Körper oder Alter wichtig ist, sondern du, weil du Mensch bist.

Ich sehe mich als Humanisten im obigen Sinne, weil ich Mensch bin und es als erstrebenswert erachte uns zu erhalten und unser Leben zu verbessern. Dazu gehört individuelles Glück, Hebung des Lebensstandards, permanente Erweiterung unserer Möglichkeiten, Selbstbestimmung und Wahrung eines jeden Menschen Würde. Ich behaupte, wir können uns das leisten, wenn jede*r einen gesellschaftlich fairen Beitrag leistet. Eine humanistische Gesellschaft nicht der Menschen, der Leute, der Gemeinschaft, sondern des Menschen, der Personen, der Individuen. Gemeinsam nicht im Gleichschritt maschinengleich, sondern jede*r wachsend im Verständnis eines besseren Lebens aller. Eine Gesellschaft, nicht mehr nur als evolutionärer Selbstzweck, sondern gedacht von und für ihre Teilhabenden. Eine Gesellschaft in der du zuallererst sein kannst, und der Rest in deinen Händen liegt. Gemeinsam helfend, kreierend, schaffend, verbindend, fühlend, gemeinsam, nicht gleich. Eine Gesellschaft, die menschlichen Wert nicht in Einheiten angibt. Diese Welt kommt nicht von alleine, aber wir können jetzt dafür streiten.

1.2 Wir sind ein Automaton

Stelle dir vor du fährst ein Auto. Du sitzt am Steuer, Lenkrad in der Hand, Fuß auf dem Pedal, du steuerst die Maschine. Nun stelle dir vor diese Maschine könnte deutlich mehr, vielleicht hundert Jahre in der Zukunft, ein Sprachbefehl reicht, um dich an deinen Ort zu bringen. Wie genau das alles funktioniert wirst du nicht wissen. Brauchst du ja auch nicht. Genau genommen, weißt du jetzt auch nicht, wie genau dein Auto funktioniert. Du musst nicht deine Lenkachsgeometrie verstehen um Lenken zu können. Betrachtet man das fahrende Fortbewegungsmittel als Ganzes, so bist du als Fahrer*in nur ein kleiner, wenn auch entscheidender Teil. Wobei, hier anzumerken, ein Reifen ebenfalls entscheidend ist. Und der Antrieb natürlich auch. Und ohne Lenkrad wird Lenken schwierig. Du selbst bist also nur Teil des Systems, gemeinsam der Fortbewegung verpflichtet.

Worauf ich hinaus will: Sei nun das Auto ein komplexes biologisches System, vielleicht etwas wie eine "Seele" statt Fahrer*in, der Mensch, du. Irgendwie fühlst du dich in Kontrolle, je nach Persönlichkeit zumindest mehr oder weniger. Dem tut nichts ab, dass du gerade nicht genau weißt, was dein Magen macht. Musst du ja auch nicht. Wichtiger ist hier auch erst mal, dass du auch nicht weißt, wie dein Gehirn funktioniert - das weiß niemand, so wirklich wird das auch nie jemand wissen. Eine komplexe biologische Intelligenz, gewachsen auf Basis evolutionärer Grundrisse und individueller Erfahrung, erfüllt von äußeren Einflüssen. Wie willst du da erwarten zu verstehen wer du bist? Oder gar dein Gegenüber? Und warum ist Gesellschaft dann doch wieder so einfach? (Spoiler: die Physik ist für alle gleich)

Immerhin weißt du, dass du bist. Du musst für dieses Wissen nicht das "wie" verstehen - so wie du das Auto nicht verstehen musst um zu deinem Ziel zu kommen. Der bewusste Teil unseres Individuums ist nur die Spitze des Eisbergs. Unser Charakter, unsere Biologie, unser Unterbewusstsein sind prägend für unser Leben. Ohne das wir Herr*in dieser sind. Natürlich habe wir bewussten Einfluss auf diese, in welchem Umfeld wir uns bewegen, ob wir Sport machen, womit wir uns beschäftigen. Aber wie gering ist dieser Einfluss gegenüber dem, was uns ausmacht, unseren Gefühlen, unserer genetischen Prägung, der Synapsenbildung im Gehirn? Wir sind erst mal ein Produkt von uns und können schauen, was wir aus dieser Position heraus machen. Das Ich als Fahrer unser Selbst ohne jemals aussteigen zu können - nie losgelöst vom "Fahrzeug", und so auch nicht als getrennt zu betrachten. Wir sind ein biologisches Automaton und das Ich ist evolutionäres Beiprodukt. Ein komplexes System mit inhärentem Bewusstsein als Evolutionsstrategie. Keine Ahnung, ob das langfristig funktionieren wird. Aber was ist schon langfristig, wenn du all deine Zeit hast? Das ist hier aber nicht der Punkt.

Ich glaube, es würde uns allen gut tun, uns als das anzunehmen, wer wir sind. Es geht nicht darum, dass nicht immer verbessert werden kann, auch das ist Teil von uns (sinnvoll im Sinne von Evolution, Kreativität ist wichtig, braucht aber Zeit und Überfluss). Dein Unterbewusstsein macht dir meist eine ziemlich klare Ansage was Sache ist, genauso dein Körper. Dein Bewusstsein ist nun wie ein*e höchst beschäftigte*r Manager*in, nicht nur über Prioritäten entscheidend, sondern auch über das, was überhaupt angehört wird. Und so wie ein*e Manager*in, welche*r das Unternehmen für Quartalsprofite ausbeutet, so kannst auch du dich für fremdgesteckte Ziele kaputt machen. Langfristige Ziele sind dir übrigens nicht einmal nötig. Statt fixe Punkte in Vergangenheit und Zukunft zu suchen, ist hier eine Betrachtung der Dynamik hilfreich. Fühlst du, dass du dich in die richtige Richtung bewegst? Bist du grundsätzlich zufrieden, wie es bei dir läuft? Fühlst du dich bedrängt? Was bereitet Unbehagen? Ist die Ableitung positiv, geht es bergauf. Erfolg ist wichtig und wie willst du jemals am Ziel ankommen, wenn du entgegen deiner Richtung fährst?

Wir müssen nicht verstehen, wie wir funktionieren, solange wir funktionieren. Aber ein Gefühl für uns, unser "Fahrzeug", zu entwickeln ist wichtig für eine gute Fahrt - denn auch wenn das "Ich" eine Inhärenz ist, sind wir doch unser "Fahrzeug" (eine künstliche Spaltung kann sinnvoll sein, solange übergeordnet klar ist, dass diese künstlich ist). Und auch wenn Straßen meist unsere Bewegungen einschränken, sind diese letztlich doch nur Mittel zum Zweck. Nimm dich an, so wie du bist - was du dann daraus machst, ist deine eigene Geschichte.

1.3   Den Verstand verlieren im Informationszeitalter

Es wird gesagt, im Internet finde man alles. Umgedreht könnte heute auch schon gesagt werden, überall sei das Internet. Im Informationszeitalter verschiebt sich der Wert weg vom Physischen hin zum Psychischen, die Informationen sind mehr wert als der Computer, auf dem sie gespeichert werden. Das Internet ist für uns so bestimmend im Leben, dass sich unser Weltbild daraus definiert (Berufswahl, Partner*innenwahl, Kultur, Bildung und so viel mehr). Für uns als Menschen tritt dabei die einzelne Information in den Hintergrund und es wird entscheidender, Dinge zu finden und beurteilen zu können. Das ist ein Sprung in der Leistungsebene. Wie in Zeiten vor dem Taschenrechner, wo Kopfrechenkünste gefragt waren, ist nun deutlich wichtiger, die Bedienung eines Rechners zu beherrschen. Und genauso wie bei einem Taschenrechner, haben wir mit dem Internet Zugriff auf unglaublich viel mehr Informationen, als wir je hätten auswendig lernen können. Sicher, das Ersetzt keine handwerklichen Fähigkeiten, aber dient doch als Befähigungsbeschleuniger, sofern der Umgang mit der Informationslandschaft erlernt ist. Wenn wir diesen Denkansatz verstanden haben, können wir anfangen, dass zu lernen, was wichtig ist.

Dazu möchte ich mit einer kleinen Geschichte starten: Vielleicht haben Sie schon mal von Anon gehört, oder von mysteriösen Internetportalen, welche sicher schon zum dunklen Teil des Internets gehören. Vielleicht haben Sie davon schon mal etwas gesehen oder gar geteilt oder kommentiert, vielleicht sogar unbewusst, Sie haben einfach etwas gefunden oder zugeschickt bekommen, was sonst so nirgendwo geschrieben stand. Wie dem auch sei, jedenfalls gibt es Foren im Netz, auf welchen sich ungestört ausgetauscht werden kann, auch weit ab von gesellschaftlich anerkannten Meinungen. Es ist fast so, als gäbe es dort eigene Subkulturen, ermöglicht durch ein weitreichendes Netz, offen und frei. Aber zurück zu unserem Anon. Es ist nun oft, dass dieser Anon in besagten Foren etwas schreibt. "Schreiben" klingt hier gar zu trivial, "Predigen" trifft es häufig besser. Spezialisiert auf das Durchbrechen ethische Denkmuster, das Aufdecken von Verschwörungen und spezialisiert auf spieltheoretisches Experimentieren. Ich persönlich habe schon mit Anon diskutiert und bin dabei mindestens eben so oft entgegnet wie bestätigt worden. Anon wird mystifiziert, ist weltweit aktiv, ist tatsächlich gefährlich genug um von Staaten überwacht zu werden. Aber dennoch hat bisher niemand Anon identifizieren können, Anon ist komplett anonym. Und doch gibt es Anon. Vielen fehlt das Verständnis für Anon, unqualifizierte Meinungen werden in die Öffentlichkeit getragen, Funktionen und Mechanismen von Information unerkannt. Wer ist Anon? Anon bist du.

Anon ist nichts anderes als eine Abkürzung für anonym, jeder, der anonym irgendetwas schreibt, ist Anon. Diese ganze Spiel lässt sich zuspitzen, wenn hier nicht ein neutraler Alias, wie Anon, genutzt wird, sondern fiktive wie QAnon oder Anonymus. Jeder ist Anonymus. Aber es klingt nun mal wichtiger, wenn irgendwo steht, "QAnon hat geschrieben" anstelle von "jemand im Internet hat geschrieben". Das ganze sind Spielformen. Zuerst steht eine Erzählung, ob wahr oder falsch spielt keine Rolle. Es geht darum, Geschichten zu erzählen, die Reaktionen hervorrufen. In Höchstform auch Reaktionen außerhalb des virtuellen Raumes. Aus all dem Dreck überleben die Narrative, die sich gut verkaufen. Die Realität als Hintergrund, die Virtualität als Spielbrett. Trolle sollten nicht gefüttert werden, aber übersehen kann man sie nicht. Nicht alle Spieler*innen sind sich als Spielende bewusst. Und wenn deine eigene Informationsblase so klein wird, dass du die Übersicht verlierst, findest du dich in Echokammern, die dir mehr erzählen, als du je für möglich gehalten hast.

Amoklauf, Parlamentssturm, Suizid als Bestenlisten, die es zu toppen gilt. Auf Basis von Falschinformationen Menschenfelder prägen. Weil du deren Spiel nicht begriffen hast oder um dein Leben spielen wolltest. Information tötet. Wenn wir nicht bewerten, vergleichen und einordnen können.

Wir müssen als Gesellschaft ein Informationsbewusstsein schaffen, welches über die reine Information selbst hinausgeht. Die Information allein hat im (Meta-) Informationszeitalter keinen Wert mehr ohne Information über diese. Das reine Teilen von Information ist bereits ein aktives Prägen dieser, da deine Teilung Metainformation wird. Die klassische Informationsdefinition verliert an Wert, wenn Information subjektiv wird. Somit ist es wichtig, Informationen auch als diese anzunehmen, sofern auch nur Minderheiten betroffen sind. Durch Faktenchecks, qualitativ und quantitativ wertvolle Informationen und einen funktionierenden Journalismus kann ein gesellschaftliches Verständnis erhalten bleiben. Gerade populismusanfällige Demokratien sind hier gefährdet, sofern sie nicht Systeme entwickeln, die Informationshoheit ihrer Bürger*innen zu gewährleisten. Auf persönlicher Ebene bleibt: Bevor du den Verstand verlierst, halt inne und überlege, ob du nicht die Realität verlierst.

1.4 PR steht für Propaganda

PR ist Öffentlichkeitsarbeit. Propaganda ist Manipulation öffentlicher Meinung. Zielgerichtete Öffentlichkeitsarbeit formt öffentliche Meinung, und auch wenn der Begriff "Propaganda" richtigerweise negativ belegt ist, ist moderne PR nichts anderes. Weil ein Unternehmen, Organisation, Staat natürlich nur das raus gibt, was diese auch draußen haben wollen, und so ein Weltbild prägen, welches ihnen genehm ist, dir aber Informationshoheit nimmt. Dagegen hilft ein möglichst freier, unabhängiger und hochwertiger Journalismus, weshalb dieser gerne von Akteuren geschwächt wird, die selber sehr auf ihr eigenes Narrativ festgelegt sind. Wenn du etwas erzählst und dir geglaubt wird, wer braucht dann noch die Realität? Ein Narrativ ist nichts anderes als eine Geschichte, hier ist egal, wie wahr oder erfunden etwas ist. Gute Geschichten haben mehr Macht, als auf den ersten Blick verständlich ist. Geschichten sind das, was uns logisch erscheint, Geschichten sind das, was wir sehen, wovon wir lernen, wonach wir streben, Geschichten sind das, was unsere Kultur definiert. Wir passieren auf dem Boden der Realität, aber Geschichten tun das auch. Und während Realität auch mal trocken und langweilig erscheint, sind gute Geschichten immer unterhaltsam. Physik mag weltfremd scheinen, aber Geschichten verstehen wir. Die Welt ist uns zugänglich über Geschichten.

Welche Geschichten bleiben uns im Kopf? Es reicht, wenn etwas oft genug erzählt wird, zumindest ähnlich viel wie Vergleichbares, besser mehr. Oder es wird so viel erzählt, dass unter Müll auch etwas für dich dabei ist, und den Müll so interessant macht. Überhaupt, wer oft erzählt oder erzählt wird, wird selbst zum Narrativ. Unsere beliebtesten Geschichten sind Menschen selbst. Eine Frisur als visuelle Geschichte, das Auftreten als Markenzeichen, eine Farbe als Identifikation. So wie gute Geschichten selten wahr sind, so sind populäre Figuren mehr Produkt als Mensch. Alles, um uns etwas zu erzählen, uns zu bewegen, uns zu beschäftigen, uns zu steuern. Es reicht, eine laute Geschichte zu haben und zu polarisieren. Denn Polarisation schwächt durch Zerteilung. Und allein die Schwächung Anderer macht deine Position stärker. Und solange du über unsere Köpfe herrscht, folgen auch unsere Körper. So werden Geschichten werden Realität.

Würdest du lieber Werbung anschauen oder eine wissenschaftliche Veröffentlichung lesen? Wir als Individuen können nichts dafür, dass Geschichten uns leichter erreichen als Fakten. Werbung ist dafür gemacht, bei uns anzukommen (nicht zwingend positiv, das ist nicht nötig um Bekanntheit zu schaffen). Und das ist auch nicht tragisch, solange wir uns dagegen wehren können. Wenn du die Geschichte eines essbaren Fertigproduktes zwar gerne hörst, aber dennoch nach der gesünderen Frischware greifst. Wenn genug Auswahl da ist, um Geschichten vergleichen zu können. Wenn genug Informationen verfügbar sind, um die Geschichten bewerten zu können. Wenn genug Infrastruktur da ist um Informationen einzuordnen. Nur wenige Menschen haben ein Interesse daran, dir die Wahrheit zu zeigen, wenn die Geschichte doch so viel interessanter ist.

1.5   Du bist dumm

Du bist dumm, ohne dir damit zu nahe treten zu wollen. Auch ich bin es, keine falschen Eitelkeiten. Heutzutage ist niemand mehr klug, zumindest gegenüber dem Wissen, welches sich die Menschheit über die Zeit angeeignet hat. So haben wir uns über Zeit nicht nur einen breiten Wissensschatz erarbeitet, sondern auch eine Tiefe, welche es schwierig macht, sich in Details auszukennen. Du kannst ein*e hochangesehene*r Universitätsprofessor*in sein und dich in deinem Gebiet so gut auskennen, wie niemand anderes, und dennoch bist du genauso aufgeschmissen, wie ein*e Lastkraftwagenfahrer*in, wenn es um Details eines anderen Fachs geht. Aber es ist gar nicht nötig so abstrakt zu werden, allein in unserem Alltag findet sich so viel, wo wir uns unsere Begrenzung eingestehen. Ein Computer kann besser rechnen, die Temperatur regelt unsere Heizung oder Klimaanlage und wollen wir etwas neues kochen, schauen wir in Kochbücher. Den besten

Weg zeigen uns Navigationsgeräte, dank Meteorologie verlassen wir uns auf den Wetterbericht und Algorithmen entdecken für uns interessante Inhalte. Eine Bequemlichkeitsbegründung mag der eigenen Wichtigkeit schmeicheln, sollte jedoch nicht darüber hinwegtäuschen, dass wir auch nicht die Fähigkeiten besäßen. Es gibt heutzutage keine Universalgelehrten mehr, es ist nicht möglich, sich überall gut auszukennen.

Dem war nicht immer so, versetzt man sich zurück in frühere, beschränktere Zeiten, gab es einfach nicht so viel, was die Menschheit wusste: Um einen Stamm zu führen, reichte es neben Muskelkraft aus, zu wissen, wo es Nahrung gibt und wo Gefahren lauern, alles andere waren Wunder jenseits des Menschheitswissens. Die Universalgelehrten der Antike mögen Meister, ja Schöpfer ihrer Disziplinen gewesen sein, aber schon Brotbacken mag für manchen eine Überforderung gewesen sein. Spezialisierung ist ein Segen, weil du dich in etwas vertiefen kannst und so meisterst, was anderen fehlt. Dies kommt aber zum Preis fehlender Fähigkeiten in anderen Bereichen, so hat es einen Grund, dass Universitätsprofessor*innen schlechte Grundschullehrer*innen wären. Ist das tragisch? Dass ein Computer besser rechnen kann als du? Nein, selbst aus irgendeinem Ehrgefühl heraus, sich selbst der Mann oder* die Frau zu sein zu wollen, ist der Computer ja letztlich unsere Erfindung, eine Errungenschaft der Menschheit. Solange du dich als Teil der Gesellschaft siehst, bist du auch Teil derer Errungenschaften. Andere Menschen, wie forschende Professor*innen, mögen nicht direkt mir dir verwandt sein, sind aber Errungenschaft unserer Gesellschaft. So wie wir vielleicht stolz auf unsere Autos sind, die uns schnell und sicher von A nach B bringen, können wir auch stolz auf unsere Lehrer*innen sein, dass sie es schaffen die Kinder unserer Gesellschaft zu bilden. Würden wir das selbst versuchen, wäre das Ergebnis deutlich schlechter, da wir nie die Fähigkeiten der professionell Lehrenden übernehmen könnten. Das heißt, unsere Gesellschaft bietet immer mehr, als ein Individuum jemals könnte. Wir haben also Methoden, Werkzeuge und Wissen, um unser heutiges Leben bestmöglich zu gestalten. Wo ist also das Problem?

Das Problem ist der Mensch. Unsere Kultur, unsere Technologie, unser Wissensschatz wächst schneller, als der biologische Mensch. Unsere Abstraktionsfähigkeiten, unsere Kreativität, unsere Neugier hat uns an einen Punkt gebracht, an dem unsere Errungenschaften uns selbst übertreffen. Egal wie viele Tiere die Jäger*innen der Steinzeit auch erjagen könnten, niemals würden diese einen Einfluss haben, wie unsere Anwendung fossiler Brennstofftechnik, die es in ein paar Jahrzehnten schafft, unsere Umwelt zu zerstören. Ist so etwas unabwendbar? Sind wir mittlerweile unseren Errungenschaften nur mehr als Unterlegene ausgeliefert? Nein, denn unsere Errungenschaften sind bisher nicht mehr als krude Werkzeuge in weiterem Sinne, bei aller Komplexität werden sie immer noch von uns bedient. Und da ist der Haken, überspitzt: wirkungsreiche Hightech, die von beschränkten Affen bedient wird. Ein Taschenrechner funktioniert eben nicht gut zum Lottozahlen vorhersagen, kann dir aber zeigen, dass du ziemlich sicher verlierst. Unsere gesellschaftlichen Errungenschaften nützen nur so viel, wie sie auch sinnvoll genutzt werden. Das sehe ich als wichtigen mentalen "Evolutionsschritt", weg von der reinen Schaffung von Werkzeugen, hin zur effektiven Nutzung dieser (KI kann uns einst die Schaffung abnehmen, will aber wissen bedient zu werden). Auf dem Weg dahin gilt es einige Stolperfallen zu überwinden, menschliche Eigenschaften, die wir als Individuen über uns verstehen sollten und annehmen müssen.

Warum greifen wir zu dem Glänzenden, auch wenn wir wissen, dass das Matte besser ist? Wenn wir aus unserem Inneren heraus das Glänzende wollen, warum sollte uns jemand hindern? Weil auch jemand genau weiß, dass du Glänzendes magst und dein Unterbewusstes so täuscht. Du denkst, da sei etwas Gutes, nur weil es so aussieht, es mag ein Wolf im Schafpelz sein, doch du siehst nur das Schaf. Gegen so etwas kannst du dich erst dann wehren, wenn du ahnst, dass etwas gespielt wird. Du weißt beispielsweise, dass Süßigkeiten extra teuer an der Warteschlange vor der Kasse platziert sind, weil dein Instinkt dir sagt, lecker, unabhängig von Preis oder Gesundheitsbedenken. So etwas nennt sich "Dark

Pattern", dunkles Verhaltensmuster, geprägt ursprünglich durch das Web, etwas so Konstruiertes, dass dich verleiten soll, etwas für dich Negatives zu wählen, ohne, dass die Täuschung direkt erkennbar ist (beispielsweise ein großer, farbiger Button für Vertrag abschließen und nur ein kleiner, unscheinbarer Button für Vertrag kündigen). So etwas ist schwer für jemanden zu erkennen, der/*die sich in diesem Bereich nicht mindestens grundlegend auskennt. Das heißt, es ist ein Grundwissen nötig, um überhaupt ein Urteil von Wert füllen zu können; kennt man sich nicht aus, sollte einem bewusst werden, dass die erstbeste Quelle wahrscheinlich nicht die beste ist (einfach weil es bei einer Stadt an Quellen wahrscheinlicher ist, dass du auf Leuchtreklame reinfällst). Bei ausreichend Basiswissen hilft es, sich bei den Themen auf Meta-Ebenen zu begeben: Unsicher, ob der Impfstoff sicher ist? Professionelle Expertenmehrheit annehmen (wer weiß es, wenn nicht die?). Oder der Wahrscheinlichkeitsrechnung vertrauen (Anzahl Geimpfter mit Anzahl an Komplikationen vergleichen). Oder mit wirtschaftlichen Nutzen für den Konzern rechnen (Schadensersatzforderungen sind teuer). Klingt vielleicht kompliziert, ist einmal verstanden und erlernt aber leicht anzuwenden. Und das sollten wir, denn die Alternative ist unser steinzeitliches Evolutionswissen, was uns in dieser künstlichen Neuwelt nicht hilft. So mag manches attraktiv erscheinen, auch wenn es eigentlich dumm ist. Höre nicht auf deinen ominösen

Onkel, nur weil er auch mal zu Russland Kontakt hatte. Nicht auf die Protestpartei hören, die sich durch Schreien Medienreichweite erhofft. Nicht auf deinen Körper hören, der Angst vor spitzen Nadeln hat, und nicht auf deinen Geist, der Angst hat vor allem Neuen. Bewusstsein ist hier wichtig, zu verstehen, inwieweit du selbst etwas verstehst, und einzuschätzen, inwieweit du begreifst, dass du nicht verstehst und wo du dich informieren kannst. Hier ist Perfektion nicht so wichtig wie Ausdauer, betrachte es wie ein Puzzle: Du kannst auch puzzeln, ohne zu wissen wie das Endbild aussieht, solange die Puzzleteile zusammenpassen und du weiter Puzzleteile zusammensuchst, letztlich entsteht ein Bild. Zum Ende des Abschnitts hier noch eine weitere Falle des menschlichen Wesens in der modernen Welt: Wir machen zu viel von Einzelpersonen abhängig; für echtes Verständnis ist kein Vertrauen nötig, ja gar schädlich. So entstehen Verschwörungstheorien, weil diese eine Person ja so authentisch ist und du aufhörst zu puzzeln oder erfundene Puzzleteile zugespielt bekommst. Um unsere Entscheidungshoheit aktiv wahren zu können, müssen wir lernen zu begreifen, wie so etwas funktioniert, und dafür müssen wir uns mit unseren Limitierungen annehmen, denn im Zweifel sind wir die Dummen.

Um noch eine Meta-Ebene weiterzugehen, die Errungenschaften, über die ich spreche, sind dynamisch. Sprich, alles ist im Wandel zu betrachten und kann gestern utopisch, heute nützlich und morgen bremsend sein. Zudem geht es bei diesen Errungenschaften um alles gesellschaftlich relevante, also auch insbesondere Politik, Wirtschaftssysteme und Kultur. Um hier ein konkretes Beispiel zu geben, wie fatal menschliches Fehlverhalten sein kann, hier ein Beispiel aus der Pandemie: Linearität ist uns allen intuitiv, gestern eins, heute zwei, dann wohl morgen drei. Sind es morgen vier, kommt das überraschend; Exponentialität mag etwas natürliches sein, ist aber wohl nur Wissenschaftlern begreiflich. Betrachtet man etwas nur kurz, ist es dann nicht immer linear? Nun kommt dazu, dass Negatives bei uns Menschen deutlicher im Kopf bleibt: Machtpolitisch ist es also nicht reizvoll, schon bei einem geringen Infektionsanstieg einschränkende Maßnahmen zu verkünden. Das heißt, reagiert wird zu spät, und dann, statt mit der Pandemie mitzuhalten, immer in zu langsamen Schritten sich herantastend, was natürlich nicht funktionieren kann; lineare Reaktionen auf exponentielles Geschehen sind absurd. Entgegen (versucht-)populistischer Äußerungen, ist unser Wissen dafür mehr als ausreichend, es ist nicht nur bekannt, wie eine Pandemie abläuft und funktioniert, sondern es wurde vorher aktiv und zielgenau von Seiten der Wissenschaft gewarnt. Sprich, es mangelte also nicht an einem gesellschaftlichen Werkzeug, sondern an dessen Nutzung. Oder um es in einer Metapher zu beschreiben: Das Maßband hat uns gezeigt, dass wir zu viel absägen, aber die

Bandsäge hat nicht schnell genug aufgehört zu sägen. Vielleicht wären wir also gut beraten, auf Dauer die Säge zu reparieren oder zu erneuern: Denn so vorsichtig wir beim nächsten mal auch sein werden, so kann es doch vorkommen, dass sie dann gerade das zerschneidet, was wir für unsere Kinderkrippe brauchen.

Um zum Anfang dieses Kapitels zurückzukommen, du bist gegenüber dem Wissen der Menschheit dumm. Das ist nichts wofür man sich schämen müsste, im Gegenteil kannst du stolz sein, dass unsere Gesellschaft das geschafft hat. Und nur, weil du nicht klug bist, musst du dich deswegen nicht dumm verhalten. Dafür ist aber nötig, dir deinen Beschränkungen bewusst zu sein. Es geht nicht um Perfektion, aber um den Willen an aktiver Auseinandersetzung mit den Themen. Egal wie verlockend/abstoßend etwas ist, frage dich auch, warum es verlockend/abstoßend ist und was hinter der Verlockung/Abstoßung steckt. Ein klassischer Computer kennt in seinem Inneren übrigens nur "ja" und "nein", ist also inhärent eigentlich eine dumme Maschine. Zu klugen Ergebnissen kommt es erst durch die richtige Bedienung. Unser Geist kann so viel mehr sein als unser Körper: Versuchen wir, unseren Fähigkeiten gerecht zu werden.

2 Warum andere Menschen anders denken

2.1 Über Kühlschränke und Manager-Runden

In einer Gesellschaft als soziales System gibt es immer verschiedene Strömungen, egal ob nun Politik oder der lokale Sportverein betrachtet wird. Und auch sind diese Gesellschaften relativ stabil, solange der Diskurs geregelt ist. In diesem Kapitel folgt: Was eine Gesellschaft mit einem Kühlschrank zu tun hat und warum deine Denkrichtung allein tödlich für deine Gesellschaft wäre.

Das soziale Konstrukt einer Gesellschaft, bei aller Komplexität und Vielfalt, lässt sich in seinen Grundeigenschaften auch rein naturwissenschaftlich betrachten. Direkt vorweg, das ist weder ideal oder gerecht, noch vollständig. Aber es schafft eine losgelöste Ebene, auf der allgemeine Zusammenhänge vereinfacht diskutiert werden können. Ich betrachte hier eine Gesellschaft als Regelsystem, wie beispielsweise ein Kühlschrank auch eines ist. Aber der Reihe nach: Ein Regelsystem ist ein mehr oder weniger stabiles System, welches seinen Zustand durch dynamische Regelung erhält. Ein Kühlschrank hält seine Temperatur stabil kühl, indem er nachkühlt, wenn zum Beispiel etwas warmes hineingestellt wurde, und das auch nur so viel, dass es in seinem Inneren nicht gefriert. Wie macht ein Kühlschrank das? Er kühlt, aber genauer darüber nachgedacht, fällt auf, dass das gar nicht so trivial ist, einfach nur durch Kühlen eine stabile Temperatur zu halten. Nehmen wir an, der Kühlschrank soll 7 Grad haben, die Umgebung ist aber warm und erwärmt so auch den Kühlschrank über Zeit. Zudem ist der Kühlprozess nicht sehr genau und braucht Zeit. Steigt nun die Temperatur, muss gekühlt werden. Aber wann? Ab 10 Grad? Ab 8? Ab 7,1? Und wie lange muss gekühlt werden? Kalt ja, aber gefroren nein. Zu spät gekühlt heißt die Lebensmittel werden zu warm, zu früh gekühlt heißt, es wird vielleicht zu kalt. Intuitiv ahnen wir, da wird es eine optimale Lösung geben, wenn man sich nur Mühe beim Ausbalancieren gibt. Und dem ist auch so.

Wem das mit dem Kühlschrank zu theoretisch war, hier alternativ eine praktische Übung: Bringe einen Topf Wasser zum Sieden, aber nicht zum Kochen. Ab und zu kommt jemand vorbei, der mal den Deckel anhebt und mal Eiswürfel in den Topf wirft. Du wirst merken, eine Regelung zu sein ist gar nicht so einfach! Geht es an der erzielten Temperatur vorbei, wird energisch gegen gesteuert, wohl etwas zu viel, also am Zielwert vorbei zurück in die andere Richtung, und wieder gegensteuern, nun vielleicht etwas weniger energisch und doch wieder am Zielwert vorbei, aber auch das etwas weniger. Eine Wellenbewegung um den Zielwert herum, wobei die Schwingung idealerweise immer kleiner wird und sich so dem Zielwert nähert. Das nennt sich "unterdämpft". Dem gegenüber gibt es das vorsichtige Regeln, sehr geduldig wird ganz langsam gesteuert, immer langsamer, bis schließlich der Zielwert erreicht ist - auch wenn das gefühlt ewig dauert. Das nennt sich "überdämpft". Aber was wollen wir denn eigentlich? Wir wollen möglichst schnell zum Zielwert kommen und diesen dann aber auch direkt halten. Tatsächlich liegt diese Möglichkeit genau in der Balance zwischen über- und unterdämpft, genannt "kritisch gedämpft". So schnell wie möglich zum stabilen Zielwert. Nun haben wir fast unsere Werkzeuge beisammen, um sich damit dem Thema Gesellschaft zu widmen, einen Absatz brauchen wir aber noch.

Da wir nun wissen, was die Ziele eines Regelsystems sind, egal ob Kühlschrank oder siedender Topf - wie wird denn so etwas "in echt" gemacht? In echt heißt Physik. Ohne hier detailliert zu werden, möchte ich nur erwähnen, dass das hier alles rein naturwissenschaftliche Basis hat und damit unabhängig von sozialen Themen oder subjektiven Interpretationen ist. All das hier ist berechen- und messbar. Wie wird nun in echt geregelt? Dafür macht man es sich etwas einfacher, indem man die komplexe Regelproblematik in einzelne Teile zerlegt, die für sich genommen wieder einfach sind. Die im vorherigen Absatz beschriebene Näherung an den Zielwert wird dreigeteilt betrachtet.

Stellen wir uns vor, drei Manager sitzen in einem Büro, das nur eine Heizung hat. Das Büro ist nun etwas kühl. Der erste Manager, der energische, steht auf und dreht die Heizung hoch. Diesen nennt man Proportional-Anteil. Das sieht der zweite Manager, jemand der alten Schule, und sagt, dass das ja so nicht gehe, einfach an etwas herumzudrehen und er wohl gegen dieses Gedrehe vorgehen werde. Diesen nennt man Derivativ-Anteil. Nach einigem Diskutieren, einigen sie sich auf eine etwas höhere Temperatur, die Heizung wird also nur ein bisschen aufgedreht. Der dritte Manager, der behäbige, beobachtet die ganze Zeit über das Treiben. Diesen nennt man Integral-Anteil. Ihm fällt auf, dass das Büro schon länger etwas zu kühl ist und dreht die Heizung zusätzlich noch etwas hoch. Dies findet wiederum der zweite Manager nicht so gut und fängt an zu diskutieren, da schließt sich plötzlich das Bürofenster, aus welchem es kalt hereinwehte, sodass der erste energische Manager wieder aktiv wird, diesmal um die Heizung runterzudrehen... Ihr könnt euch vorstellen, dass hier ein gut eingespieltes Team von Nöten ist, wenn die Diskussionen nicht ewig gehen sollen. Hier macht die Stellung im Unternehmen viel aus; je nach Position hat jeder Manager verschieden viel Macht und damit Einfluss auf die Diskussion und das Ergebnis. Jeder einzelne der drei mit eigenem Charakter und Schwächen, zusammmen jedoch zielführend, sofern die Machtverhältnisse stimmen. Und ebenso jeder für sich allein aufgeschmissen; während der energische immer wieder am Ziel vorbei schießt, macht der Zweite allein gar nichts, außer den Drehknopf festzuhalten und der dritte braucht so lange, bis er sich entscheidet, das die Temperatur schon gar nicht mehr aktuell ist. Für Teilprobleme mögen auch kleinere Teams an Managern reichen, aber meist bezieht man sich auf diese drei Manager (abgekürzt mit PID), wenn man von einem klassischen Regelsystem spricht. Übrigens gibt es eigentlich noch deutlich mehr Manager, welche aber meist eine so geringe Rolle spielen, dass sie für unsere Diskussion weggelassen werden können (stellt euch einfach vor, jeder Manager hätte selbst noch Teams an Managern).

Ist nun jedes stabile System so beschreibbar? Das kommt drauf an, wie detailliert man werden möchte. Im Groben reicht so ein Modell aus, da sich jedes stabile System gegen Änderungen von außen wehren muss, um in einer dynamischen Welt stabil zu bleiben. Im Detail ist die tatsächliche Anwendung eines Regelsystems meist komplexer als unser einfaches Model, was uns jedoch nicht hindert, mit diesem groben, aber grundlegenden Blick auf andere Systeme zu schauen. Wie schafft es eine Gesellschaft, sich zu erhalten? Und was passiert, wenn ich im Sommer den Kühlschrank offen lasse?

2.2 Regelsystem Gesellschaft

Unsere Gesellschaft sind Menschen, welche miteinander agieren und eine gemeinsame Kultur teilen. Ein stabiles System, welches sich durchaus weiterentwickelt, aber im Kern eben doch eine Gesellschaft bleibt. Mit innerer Dynamik etwas formend, was trotz äußerer Dynamik Gestalt behält. Nicht unabhängig von äußeren Einflüssen und auch einflussgebend außerhalb dieser Gesellschaft. Offene, stabile Systeme in einer dynamisch-chaotischen Umgebung besitzen Mechanismen zur Stabilitätserhaltung. Sich so selbst regelnde Systeme werden Regelsysteme genannt. Unsere Gesellschaft ist ein solches.

Wird nun unsere komplexe Gesellschaft mit dem naturwissenschaftlichen Blick als Regelsystem betrachtet, lassen sich auf recht einfache Weise übergeordnete Zusammenhänge erkennen. Hier nochmal die Warnung diese Logik allzu detailliert anzuwenden - es ist mehr als ein Gedankenmodell zu sehen, welches beschreibt, wie grundsätzlich so etwas wie eine Gesellschaft funktionieren kann, evolutionär motiviert. Um nun auf die Erkenntnisse des vorherigen Kapitels zurückzugreifen, es gibt grob drei Arten an Kräften, welche gemeinsam ein System regeln. Erstens treibende Kräfte, progressiv die Gesellschaft weiterentwickelnd, in Richtungen inhärent von einer Gesellschaft vorgegeben (eine höhere Gesellschaft hat einen höheren Le-

bensstandard und wird als gesellschaftlich erstrebenswert anerkannt). Zweitens bremsende Kräfte, welche
möglichst den Status quo konservieren möchten und
sich gegen Änderungen wehren, also fast wie Gegen-
spieler zu den erstgenannten Kräften, jedoch keine Richtung vorgebend. Während erstere Kräfte eine Gesellschaft aus der Balance bringen können, wenn sie diese
zu schnell weiterentwickeln wollen, können zweitere
Kräfte eine Gesellschaft weder voranbringen, noch an
äußere Bedingungen anpassen. Im richtigen Zusam-
menspiel jedoch, im richtigen Machtgefüge, ergänzen
sich beide Arten - erstere Kräfte entwickeln die Gesellschaft weiter und zweitere sorgen dafür, dass sich die
Gesellschaft auch nur so schnell weiterentwickelt, wie
es für diese gesund ist. Naturwissenschaftlich betrachtet ist ein System in einem so idealen Kräfteverhältnis
am stabilsten, es vermeidet erstererseits unnötiges hin
und her, ist zweitererseits aber auch nicht unnötig träge (kritischer Grenzfall gedämpfter Schwingung eines
kontinuierlichen Systemübergangs). Und was ist nun
mit den dritten Kräften? Diese merken, wenn etwas
länger aus dem Gleichgewicht ist und sind interessiert,
dieses Ungleichgewicht auszugleichen. Da sich aber in
einer lebendigen Gesellschaft auch immer Ungleichheiten ergeben, wirken diese dritten Kräfte idealerweise mal in eine Richtung, mal in eine andere. Diese Kräfte wirken also richtend, aber erst über einen längeren
Zeitraum, also wenn etwas über längere Zeit einseitig

falsch läuft. Die dritten Kräfte sind zu träge um im Tagesgeschäft der ersten und zweiten Kräfte sinnvoll mitzuwirken, können aber andauernde Ungleichheiten in der Gesellschaft ausgleichen.

Wenn man das nun mit dem gesellschaftspolitischen Alltag vergleicht, können einem durchaus Parallelen zu einem klassischen Regelsystem auffallen. Es sollte hier mitgenommen werden, dass, selbst wenn man stark einer politischen Strömung anhängig ist, auch die andere Strömung ihre übergeordnete Berechtigung hat, ja gar, dass eine Gesellschaft am Besten funktioniert, wenn diesen verschiedenen Kräften vorhanden sind. Das Machtverhältnis hingegen bedarf ständiger Optimierung um möglichst schnell eine höhere Gesellschaft zu erreichen, ohne diese zu destabilisieren. Übrigens: Ist aufgefallen, dass ich hier bewusst unparteiisch schreibe? Ein Regelsystem hat nichts davon, wenn jemandem das eine oder das andere besser gefällt - hier ist nur von Interesse, eine sich weiterentwickelnde Gesellschaft unter äußeren Einflüssen möglichst stabil zu halten. Gleiches gilt übrigens nicht für die Menschen in einem solchen, hier ist Teilhabe gefragt.

Wenn wir nun schon dabei sind, was braucht denn so ein System noch, um sich regeln zu können? Nun ist eine Gesellschaft als System deutlich vieldimensionaler, als beispielsweise ein Kühlschrank, und doch möchte ich zu diesem Beispiel zurückkommen, weil es so schön einfach ist. Nehmen wir an, die Regelung in unserem

Kühlschrank sei sozusagen dessen Gehirn, der Computer, welcher die Kühlung steuert. Die Regelung allein hat weder Augen, noch Arme - das gesamte Regelsystem hat diese hingegen schon: Ein Temperatursensor um zu wissen wie kühl der Kühlschrank ist und eine Pumpe, um das Kühlmittel zu pumpen, falls die Regelung meint, es sollte gekühlt werden. Damit ist unser System komplett und unser Kühlschrank schafft es mit warmen Einkäufen, dem Öffnen und Schließen der Tür, sowie wechselnden Außentemperaturen klarzukommen. Also hat ebenso auch das Gesamtsystem unserer Gesellschaft "Augen" und "Arme", Sensoren und Kräfte, damit wir sehen können, was der Zustand unserer Gesellschaft ist und diesen auch beeinflussen können. Was zeichnet gute Sensoren aus? Genauigkeit, dass all die für uns interessanten Informationen abgedeckt werden, und Unabhängigkeit von Regelung und Kräften : Die besten Sensoren nutzen nichts, wenn du diese beeinflusst statt das zu beeinflussen, was die Sensoren messen. Die Unabhängigkeit gilt übrigens auch für die Kräfte einer Gesellschaft. All die Regelung nützt nichts, wenn die Regeln nicht forciert werden; treten die Regelnden jedoch selbst als Kräfte auf oder forcieren einzelne Kräfte an der Regelung vorbei, untergräbt das die Stabilisierung des Systems.

Womit wir zum Finale dieses Kapitels kommen: Wie gehen Systeme kaputt? Ein Regelsystem kann ganz einfach unzureichend gebaut sein, sodass keine wirksame

Regelung zustande kommt. Da wir aber von der Gesellschaft als Regelsystem ausgehen, gehen wir auch davon aus, dass diese zumindest eine Zeit lang stabil war (sonst wäre die Gesellschaft als solche nicht definiert gewesen). Was vermag also ein an sich stabiles System zu zerstören? Nun das erste ist ganz einfach Vandalismus. Neben den bereits beschriebenen Strömungen gibt es weitere Strömungen, welche das System an sich destabilisieren wollen, also gegen eine Gesellschaft als solche arbeiten. Je nach Betrachtungsweise kann man diese Strömungen im System oder außerhalb diesem verorten, das ändert hier an den Auswirkungen nichts. Im Normalfall sind diese Strömungen zu schwach, um größeren Einfluss auf eine Gesellschaft zu haben. Es gibt jedoch Wege, eine Gesellschaft zu schwächen um so die eigene Position zu erhöhen. Und damit kommen wir zur nächsten Methode, ein System gezielt aus der Balance zu bringen und Stabilisierungsmechanismen so zu stören, dass das System selbst in einen extremen Zustand kommt, der zur eigenen Zerstörung führt. Nur weil eine Gesellschaft eine historisch inhärente Stabilität hat, heißt das nicht, dass sie dieses morgen auch ist.

Um diese Destabilisierung zu verstehen, muss man sich im Prinzip nur die oben Beschriebenen Methoden anschauen, die Balance der Machtverhältnisse schwächen und so die Stabilisierungswirkung vermindern. Da sie sich selbst außerhalb der Regelung befinden, sind vandalierende Strömungen dabei nicht an die Regeln der regelnden Kräfte gebunden. Destabilisiert wird auch über Schwächung der Sensoren, indem die vorhandenen Sensoren mit Müll überschwemmt werden, indem eigene, alternative Sensoren platziert werden oder indem ein Abhängigkeitsverhältnis zwischen Sensoren und Kräften geschaffen wird. Ähnliches gilt für die Forcierenden der Gesellschaft, Schaffung von Abhängigkeitsverhältnissen, Fehleinsetzungen oder Korrumpierung. Und schließlich wird die Wirkung der Forcierenden von den Sensoren wieder aufgenommen, was in diesem manipulierten System zu Selbstverstärkungen führen kann. Glücken diese Versuche, entweder weil das System keine Abwehrmechanismen hat oder bereits geschwächt ist, so können diese Methoden destabilisierende Prozesse aufschaukeln, bis hin zur Zerstörung der uns bekannten Gesellschaft. Hier hilft Intransparenz den Manipulierenden, da sonst Falschinformationen und Missstände deutlich leichter als solche zu erkennen wären. Es liegt an uns, solche Methoden zu identifizieren und abzuwehren - denn wenn es die und der Einzelne nicht macht, macht es auch die Gesellschaft nicht.

2.3   Gauß, Empathie und Schichtensicht

Warum denken andere Menschen anders? Also wirklich anders als du, auf das Denken selbst bezogen, nicht nur auf Ansichten aus anderer sozioökonimischen Blase oder kultureller Prägung heraus. Wir wissen, dass jeder als Individuum verschieden ist, dennoch leben wir alle in ein und derselben Welt und bei aller Verschiedenheit ist unser biologischer Bauplan doch sehr ähnlich. Diese biologische Ähnlichkeit scheint im Geiste weitaus weniger vorhanden zu sein, wo konträre Ansichten eher Norm als Ausnahme sind. Eine Motivation aus evolutionärer Sicht ist im letzten Kapitel gegeben, sodass, wenn für eine andere Seite auch kein Verständnis da ist, zumindest eine technische Sinnhaftigkeit in der Gesellschaft motiviert ist. Eine weitere technische Antwort auf die Eingangsfrage liefert die normale Verteilung zufallsbehafteter Systeme. Jeder Mensch unterscheidet sich etwas von den anderen. Die eine ist größer, der andere kleiner; es gibt hellere und dunklere Haarfarben; der eine denkt so, die andere so. Das heißt, es gibt hier immer Abweichungen von einem gedachten Mittelwert. Je extremer eine Abweichung ist, desto weniger gibt es von dieser (es gibt sehr wenig riesige oder winzige Menschen, aber viele, die etwas größer oder kleiner sind). Solche Verteilungen lassen sich gut durch mathematische Modelle beschreiben, so auch eine Normalverteilung, welche sich durch eine Gauß-Kurve beschreiben lässt. Ohne hier spezifisch zu werden, dient so eine Kurve gut als Veranschaulichung unserer Verteilung, sie sieht aus wie ein Glocke, der größte Teil befindet sich um die Mitte herum und zum

Rand hin flacht es sehr ab. Übertragen heißt das, solange wir uns unterscheiden, wird sich auch unser Denken unterscheiden, aber eben auch, der Großteil der Menschen ist sich ähnlicher, als man denken mag, wenn man sich die Extreme auf beiden Seiten anschaut. Dies ist wichtig im Kopf zu behalten, denn wir nehmen Extreme viel deutlicher wahr als gemäßigte Nuancen, und vergessen damit, dass uns unser Nachbar erst mal deutlich ähnlicher ist, als wir denken oder wahr haben wollen.

Ein weiterer lohnenswerter Punkt zur Eingangsfrage ist die Verknüpfung von Empathie, Vorstellungsvermögen und Geisteskapazität. Jemand, der die Fähigkeiten besitzt, sich in andere Menschen unterschiedlichster Lebensumstände hineinzuversetzen und mitzufühlen, wird eine andere Weltsicht haben, als jemand, der das nicht kann. Zweiterer hat keine Möglichkeit, die Welt aus anderen Augen zu sehen und kann sein Denken nur aus der ihm zugänglichen Welt bilden. Extreme Beispiele für so etwas sind psychisch beeinträchtigte Menschen, wie beispielsweise Narzissten: Ein fehlendes emotionales Verständnis für andere Menschen führt zu egozentrisch motiviertem Handeln, welches oft eben als gefühlskalt wahrgenommen wird, sich aber aus dem eingeschränkten Weltbild der Betroffenen und nicht direkt aus Böswilligkeit heraus ergibt. So wie uns unser Umfeld prägt, so prägt uns gleichfalls die Fähigkeit, dieses auch wahrzunehmen. Je bewusster wir uns dieser Einschränkungen sind, desto besser können wir uns integrieren, auch indem wir auf unser Umfeld zurückgreifen und Informationen, zu welchen wir selbst keinen Zugang haben, bestenfalls aus erster Hand beziehen. Anders gesagt: Respektiere deine Mitmenschen.

Hierzu passt ein weiterer Punkt dieser unvollständigen Argumentationssammlung: Konkurrenzdenken. Evolutionär gesehen ist das Leben ein Kampf, nicht nur gegen Umwelt und konkurrierende Arten, sondern auch gegen die eigene. In diesem Denken kommst du als Individuum, wenn du deinen Konkurrenten schädigst, weiter, als wenn ihr gemeinsam etwas schafft. In diesem Denken ist Kooperation nur auf Zeit und zweckgebunden, der/*die Stärkere überlebt. So kann eine gewisse Feindlichkeit aus Prinzip heraus notwendig erscheinen und das Treten nach unten als wichtiges Pendant zum Buckeln nach oben gelten. Altruismus und Hebung des allgemeinen Lebensstandards als Selbstzweck sind hier recht moderne Ideen, die nur aus dem Überfluss heraus entstehen, sich das Nachdenken darüber leisten zu können. Hier ist vor allem die geistige Einstellung, geistige Freiheit, weg von evolutionärem Kampfdenken gemeint, nicht rein physischer Überfluss wie Geld, Lebensumstände oder geistige Fähigkeiten. Eine reiche Investmentbänkerin mag deutlich getriebener und im Konkurrenzdenken verhaftet sein als eine arme, aber mit sich zufriedene Zeitungsredakteurin, welche über den persönlichen Nutzen hinaus arbeitet. Diese Wirkung wird auch manipulativ genutzt: Es kann von kurzfristigem, privatem Vorteil sein, anderen durch künstliche Verknappung diese Freiheiten zu nehmen und beispielsweise verschiedene Gruppen gegeneinander auszuspielen um die eigene Position relativ gesehen zu stärken. Erstrebt wird keine Stärke, sondern Position; relativ heißt im Vergleich zu deiner Umgebung, überspitzt: Lieber wieder ins Mittelalter zurück und adelig sein, als Mittelstand in einer utopischen Zukunft; wir Menschen sind noch nicht so gut im langfristigen Denken.

Wenn dir also ein Verhalten, eine Ansicht irrational erscheint, dir der Antrieb nicht nachvollziehbar ist, mag auch einfach Konkurrenzdenken dahinter liegen, ein gedanklicher Zweck heiligend der Mittel. Was hilft hier? Bloß nicht in die Falle tappen und selbst im Konkurrenzdenken bleiben, denn wenn dir auffällt, was dein eigentlicher Antrieb für etwas ist, kannst du dich entscheiden. Ist der/*die Konkurrent*in dein Gegenüber, ist Bewusstsein wichtig, aber vor allem hilft hier Macht. Bist du unabhängig, kannst du ein Gegenüber ausklammern; bist du es nicht, nutze die dir zu Verfügung stehende Macht für deine Ziele zu kämpfen. Keinen Altruismus den falschen Hungernden gegenüber, wenn deine Ziele so überfahren werden, verlierst du doppelt. Respektiere deine Macht.

2.4 Brot, Spiele und Gehaltscheck

Was beschäftigt dich in deinem Leben maßgeblich und direkt? Bist du versorgt, mit Dach über dem Kopf und genug Speis und Trank? Dann musst du nicht auf die Straße, gedeckte Grundbedürfnisse erlauben dir zu Ruhe zu kommen. Ruhe erlaubt es dir, deine Energie auf andere Dinge lenken zu wollen. Und so breit gefächert der Mensch ist, so breit gefächert sind auch mögliche Aktivitäten. Sport, Spiel und Feier unterhält unsere Freizeit, gibt aber den wenigsten eine Bestimmung oder Maßregelung. So folgen wir Ideen. Ein gutes Leben will erarbeitet werden, ist Narrativ und Motivation. Geld als Indikator deines Wertes und der Gehaltscheck als deine Lenkung. Denn mehr ist besser, Glück ist Spaß und Hunger nicht ein Problem der deinigen. Wie sollte so jemand auf die Idee kommen, etwas zu ändern? Deine persönliche Zeit ist immer rar, deine Denkrichtung gegeben, die allzu geringe Freizeit reserviert für Spaß und deine lebensfüllende Arbeitszeit für Gehalt. Solange deine Gesellschaftsblase dich schützt, bequem ist und sich als Selbstzweck präsentiert, warum solltest du jemals auf eine andere Idee kommen?

So wenn du dich auf einem solchen, "normalen" Lebensweg befindest, vielleicht bereits seit Geburt, scheint dein Leben recht vorbestimmt: Wachsen über Gehaltsstufen, Güter als Status und immer ein greifbares Ziel vor Augen. Haus und Kind als Lebensideal, Hobbys als deine Individualität. Dieses klassische Ideal unserer Gesellschaft verliert zunehmend an Bedeutung, aber ist dennoch so verankert, dass es Denkweisen bestimmt. Es ist eigene, aktive Anstrengung nötig, um aus diesem System auszubrechen (gilt nicht für jemanden außerhalb dieses Systems; jemand, der nicht drin ist, kann auch nicht ausbrechen). Wann wird ein Ausbrechen nötig? Beispielsweise, wenn ein System nicht (mehr) gut funktioniert oder von außen missbraucht wird. So lässt sich all der attraktive Klang des ersten Abschnitts umkehren, wenn das System nicht mehr für dich ist, sondern privatisiert. Wirst du nur so versorgt, dass du gerade so existieren kannst, hast du keinen Freiraum, etwas anderes zu wählen. Wird deine Freizeit minimiert, bleibt vielleicht Zeit zur Erholung, nicht jedoch für freie Aktivität. Wirst du schlechter bezahlt, liegt das wohl an deiner Leistung im Vergleich zu anderen, nicht an Profitgier Höhergestellter. Es muss gebellt, gekämpft, sich verausgabt werden, wenn du etwas erreichen willst. Getrieben und gegeneinander ausgespielt gewinnt nur die Dresseur*in. Eine Leistungsgesellschaft beschäftigt, kein Raum zum Hinterfragen, es muss sich zur dystopischen Spitze gearbeitet werden. Soziales, Politik, und Kultur als Zuwerk, auf dass es deinem Kind einmal besser gehe.

Alles was so selbstverständlich scheint, lohnt hinterfragt zu werden, und sei es nur des eigenen Verständnisses wegen. Etwas ist nicht wert- oder sinnvoller, nur weil es eben schon da ist. Ein funktionierendes System aus Angst vor Veränderung nicht ändern zu wollen, ist ein Irrglaube: Unsere Welt ist nicht statisch. Es wird zur Veränderung kommen, solange es Dynamik gibt. Nur solange diese Änderungen in deiner Möglichkeit stehen, hast du auch Möglichkeiten, diese zu deinem und unserem Vorteil zu lenken. Und genau da liegt der wichtige Punkt: Solange du nicht begreifst, dass Änderungen möglich sind, kannst du auch nichts dafür tun. Solange du unterhalten, beschäftigt, getrieben bist, fehlt Antrieb, Freiraum und Kreativität für anderes. Nur wenn du es schaffst, aktiv aus deiner geschäftigen Gesellschaftsblase auszubrechen, und sei es nur für Momente, hast du die Möglichkeit, den Zweck von außen zu betrachten und Sinn zu suchen.

2.5 Wie wir die Hälfte unserer Gesellschaft systematisch benachteiligen

Der Klang von Dystopie. Eine Schichtengesellschaft, in welcher eine Schicht ihren Status von der anderen tragen lässt. Es gibt keine Herrscher ohne Beherrschte. Nun wirst du in der unteren Gesellschaftsschicht landen, aprivilegiert, ungewürdigt, unterdrückt. Ihr seid so viele, dass sich das System nur mit Not, Propaganda und Gewalt aufrechterhalten lässt; du musst, weil du nicht anders kannst, gottgewollt und missbräuchlich

genötigt. Die zivilisatorischen Errungenschaften werden von deiner Schicht getragen, während die Gesamt-
gesellschaft profitiert. Da wäre so viel mehr möglich,
wenn deine Entfaltung nicht unterdrückt würde. Dein
Leben erlaubt anderen Freiheiten, Macht und Geld. Du
sollst Gemeinschaft leben in einer Gesellschaft, deren
Zweck dir bestimmt wird. Strukturen so tief verwur-
zelt, das Kulturen davon abhängen. Wenn du nicht weißt,
was verändert werden kann, wie sollst du revolutionie-
ren?

Du bist noch nicht erdacht, und hast bereits Hoffnung
gegen dich. Du bist noch nicht geboren und jede zweite Frage bestimmt, wie über dich gedacht wird. Du bist
noch zu jung um reden zu können und dein Name bestimmt deine Klasse. Du lernst laufen, reden und hören, und unsere Kultur bestimmt, was dir an Wert, Bestimmung und Schuld mitgegeben wird. Du gehst zur
Schule, Ausbildung, Universität und unsere Gesellschaft
bestimmt, wo du dich zu bewegen hast, was du zu tragen hast, wie du zu denken hast. Freiheit, Selbststän-
digkeit, Machtwille sind für andere vorgesehen. Du bist
hochqualifiziert unterbezahlt, ohne Ehre ehrenamtlich
tätig, lächelnd belächelt. Du bist ein Mensch in unserer
Gesellschaft, einer falschen Klasse zugeordnet. Du bist
sie.

Eine falsche Klasse, die keine sein sollte. In unserer Gemeinschaft sollte Sexismus keine Rolle spielen. Einen
Menschen sich selbst gegenüber zuerst auch als Men-

schen wahrzunehmen, sollte die Norm sein. Der Körper und das eigene Denken sind Privatsache, so auch das eigene Geschlecht und die eigene Orientierung. Sexismus als Ausnahme, dann, wenn du fragst, wo du dich bei der Krebsvorsorge abtasten solltest. Es geht nicht darum, etwas gemeinsam nicht auszuleben, sondern selbst die Wahl zu haben. Gleichstellung zuerst, dann die Feinheiten. Es geht nicht darum, jemandem etwas zu nehmen, sondern der Gesellschaft zu geben und unserer Gemeinschaft gerecht zu werden. Die Unterdrückenden nehmen nicht nur Freiheit, sondern auch Potential; Kapazitätsverluste sind einem Patriarchat systematisch. Machterhaltung als Selbstzweck lässt sich nur brechen, wenn Einzelnen genommen wird. Nicht gegen den Mann, aber gegen Herrschaft.

Feminismus ist, trotz aller Facetten, eine inhärent progressive Bewegung, aus dem gleichen historischen Kontext, wie es auch eine soziale Bewegung ist. Schaut man sich die Tiefe des gelebten Sexismus in unserer Kultur und unserer Gesellschaft an, beginnt man zu begreifen, was für weitreichende Implikationen eine Abkehr vom Sexismus bedeutet und wie wichtig dies für eine moderne Gesellschaft ist. Aus moralischen, wirtschaftlichen und gemeinschaftlichen Gründen spricht alles für Feminismus und es wäre eine Schande unser Potential nicht zu nutzen. Um Humanist*in zu sein, musst du heute Feminist*in sein.

2.6 Die Sozialen Medien: Schwarz-Weiß für dein Interesse

In der heutigen Welt hat sich der Informations- und Medienaustausch deutlich beschleunigt. Noch nie war es so einfach, so viel und so aktuelle Neuigkeiten zu konsumieren. Ob die aktuelle weltpolitische Lage oder das aktuelle Abendessen deines Popstars, es steht immer mehr Neues zu Verfügung, als du wahrnehmen kannst. Somit hat sich im Vergleich zu früheren Generationen die Motivationslast umgekehrt: Nicht mehr wir müssen uns aktiv darum kümmern, Neuigkeiten zu erfahren, sondern Neuigkeiten kämpfen um unsere Aufmerksamkeit. Es war ehemals eine ganz andere Dynamik, zum Kiosk zu gehen um sich mit einer Zeitung zu informieren, als heute nebenbei eine Push-Benachrichtigung von Twitter zu bekommen. Ehemals deutlich unbequemer, aber auch als wertiger wahrgenommen. Der Aufwand, Medien zu erstellen, ist gesunken, aber dadurch auch eine inflationäre Menge an Inhalten gewachsen. So werden wir von Inhalten überflutet und müssen priorisieren. So wie du ins Wasser geworfen instinktiv zu paddeln anfängst, so sind es auch hier meist unsere Instinkte, die uns sagen, was wichtig ist, wenn wir drohen überflutet zu werden: Kennen wir uns in Themen aus, können wir rationale Bewertungen treffen; kennen wir uns jedoch nicht aus, wonach sollten wir auch gehen, wenn nur das Bauchgefühl bleibt?

Wir als Menschen sind interessiert an Neuigkeiten; evolutionär verständlich, bieten aktuelle Informationen doch mögliche Überlebensvorteile. Auch heutzutage macht das Teilen und Mitbekommen von Neuigkeiten einen Teil unserer Kultur und Gesellschaft aus. Niemand möchte zurückgelassen werden und jeder möchte teilhaben lassen. Ein Austausch via Medien als sozialer Prozess. Und die modernen Medien sind ein Hauptprozess unserer Interaktion geworden, außer Konkurrenz das reale Treffen, aber doch die klassischen Medien dominierend (so gibt es weiterhin Zeitungen, aber deren Ausrichtung hat sich gewandelt). Somit sind auch die Sozialen Medien ein wichtiger Einflussfaktor in unserem Leben. Und so haben diese Medien auch eine Verantwortung gegenüber uns Menschen; so wie wir vom Wasserwerk sauberes Trinkwasser erwarten, erwarten wir auch eine gewisse Neutralität von Medien. Nun sind die Sozialen Medien immer erst mal ein Geschäft und nicht sozial. Diese verdienen Geld damit, uns zu beschäftigen. Je länger und aktiver, desto mehr Werbung für uns und Daten für sie. Ein Interesse zu informieren oder sozial zu vernetzen, ergibt sich höchstens indirekt. Und so sind die Systeme hinter den Sozialen Medien darauf getrimmt, maximalen Profit zu liefern. Und da diese nicht in uns hineinsehen können, bewerten diese nur nach Konsumzeiten und Tastendrücken. Das heißt, es geht nur darum, diese zu maximieren. Dumm, aber effektiv.

Was weckt nun unser Interesse? Welche Neuigkeiten nehmen wir aus diesem Wust an Eindrücken wahr? Worauf reagieren wir? Wie sich aus dem ersten Absatz ahnen lässt, sind das eher emotionale Inhalte. In Anbetracht unserer evolutionären Herkunft sind das im Zweifel auch immer eher negative Emotionen, da diese mit Gefahr assoziiert werden und so entsprechend Handeln erfordern. Worauf reagieren wir nicht? Altbekanntes, Unverständliches, aber es gilt eben auch: Ausgewogenes ("Dann ist ja alles gut.") verliert gegen Polarisierendes ("Was! Das stimmt doch gar nicht!"), Vermittelndes verliert gegen Emotionalisierendes, eine echte Sachbegebenheit verliert gegen eine tolle Geschichte. Solange wir selbst nicht auf eine Meta-Ebene des Erzählten wechseln, fallen wir im Eifer des Moments immer wieder auf all diese Bauernfänger*innen hinein. Wir geben dem Raum und Zeit, was uns negativ oder positiv reizt, und die Sozialen Medien geben diesen die Bühne. So sehen wir durch Medien, die uns eigentlich die Welt in all ihren Farben zeigen sollte, nur mehr Schwarz-Weiß. Und das ist furchtbar schade.

2.7 Das Betriebssystem des Menschen

Wie ordnest du deine Gedanken? Wie beschreibst du deine Welt? Was ist dein primärer Kommunikationskanal? Alles läuft über Sprache. Die Sprache selbst ist eine entscheidende Form der Prägung deiner Welt. Hier mag entgegnet werden, dass Sprache nur Mittel zum Zweck sei, ohne eigenen Wert, rein als passive Vermittlerin, und daher nur prägend scheine, wo die ursprüngliche Prägung schon längst vorhanden ist. So löblich es sein mag, sich der Ursachenforschung zu widmen, wäre es gleichfalls überheblich die eigene Sprache nur als passive Bedeutungsträgerin zu sehen. Es macht einen Unterschied, ob jemand als illegal einwandernd oder schutzsuchend geflüchtet bezeichnet wird: Impliziert ersteres Unrecht und selbst gewählten Heimatwechsel, so beschreibt zweiteres Hilfsbedürfnis und erzwungene Vertreibung. Sprache ist kein naives Transportmittel für Sachinformation, sondern prägt selbst aktiv Bedeutung. So kann auch eine Frage, welche als solche im eigentlichen Sinne keine Information trägt, dennoch deine Meinung prägen: Sind Sie für die Förderung grüner Wasserkraft, oder sind Sie für Umweltzerstörung im Interesse von Wirtschaftsoligarchen? Eine Fangfrage, weil beide Aussagen hier ein und dasselbe beschreiben. Das Nutzen von Sprache um unabhängig vom eigentlichen Informationsgehalt die Bedeutung in eine gewisse Richtung zu lenken, nennt sich "Framing", also so viel wie "Umrahmung". Dasselbe Bild wirkt eben gleich ganz anders, je nachdem, in welchem Rahmen sich dieses befindet. Es geht dabei übrigens in erster Linie um die einer Information mitgegebene Bedeutung, nicht um Fremdsprachen und Ähnliches; beispielsweise gewinnt Zeichensprache durch Gesichtsausdrücke

Bedeutung und wird auch durch diese geprägt (selbst in der Mathematik können einfache Ausdrücke schwierig erscheinen, nur weil sie kompliziert dargestellt, "geframt", sind). Framing kann in anderen Sprachen anders ausgeprägt sein, aber die Umrahmung als solche ist meist wichtige Metainformation für das gesagte. Wenn Neutralität erwartet wird, ist eine frühzeitige Einordnung schädlich (beispielsweise Umfragen, welche bereits indirekt Antworten vorgeben), aber für den normalen Sprachgebrauch ist die Verwendung von Metainformationen wichtig ("ich muss mal" mag kein ganzer Satz sein und wird dennoch verstanden). Das "Einrahmen" an sich ist deshalb auch kein Problem, sofern man sich des "Einrahmens" bewusst ist; Framing wird dann zum Problem, wenn die Wahl des Rahmens manipulativ wird.

"Es war einmal ein junger Mann, der allein durch den dunklen Wald ging..." - wie geht die Geschichte weiter? Was glaubst du erlebt der junge Mann im Wald, wie begegnet er Gefahr und Unwegsamkeit? Behalte diese Geschichte im Kopf und vergesse sie nun wieder. "Es war einmal eine junge Frau, die allein durch den Wald ging..." - wie geht die Geschichte weiter? Bei gleichen Fragen wirst du merken, dass diese Geschichte deutlich anders verläuft. Was hat Sexismus nun mit Sprache zu tun? Was klingt passender, "Vorgesetzter" oder "Vorgesetzte"? Konservative Spracherhaltung spielt eine wichtige Rolle beim Erhalten konservativer Weltbilder, es lässt sich beispielsweise nur schwierig gendergerecht gegen eine Ehe für alle argumentieren. Eine diskriminierende Sprache schafft ein diskriminierendes Weltbild.

Sprache selbst ist dynamisch; wie ein Betriebssystem, welches sich an neue Umgebungen und Entwicklungen anpasst, tut dies auch die Sprache. Sie wächst mit der Gesellschaft, wird von dieser geprägt und als Infrastruktur des Geistes genutzt. Aktive Nutzung ist wichtig für gesellschaftliche Teilhabe und persönliche Bestimmung. Sprachgewandtheit allein reicht nicht aus, um das volle Kommunikationsspektrum zu nutzen, Bewusstsein um das Gewicht der Sprache ist mindestens ebenso nötig um den Wert von Metainformation erkennen und nutzen zu können. Auch wenn du nicht kreativ tätig sein solltest, so erschaffst du doch täglich Welten mit deiner Sprache und kommunizierst diese anderen Menschen. Und so prägst du mit jeder Kommunikation unser gesellschaftliches Weltbild. Sprache ist Spiegel deines geistigen Blicks auf unsere Gesellschaft. Und um Problemlösungen zu finden, reicht manchmal schon ein anderer Blickwinkel. Sprache ist wichtig.

2.8 Dein Platz in der Gesellschaft

Was glaubst du, ist dein Ziel im Leben? Macht, Geld? Wenn nicht, meinst du, du kannst es weit bringen ohne Macht oder Geld? Irgendwie scheint es deinen Stand in der Gesellschaft zu definieren. Was tust du also, als Bürger*in einer Gesellschaft, wenn du es besser haben willst? Gut und hart arbeiten, irgendwo anfangen, was dir zielführend scheint und dich dann hocharbeiten. Jede Ausbildung als Wert gepriesen, Chancengleichheit für jede*n Willige*n. Und wenn du deine Arbeit gemeistert hast, durch die Ränge gestiegen bist, dein Geld verdienst und deinen Posten besetzt, wird dir klar, dass du nicht viel weiter gekommen bist, als du bereits am Anfang warst. Zu spät, deine Zeit gehabt, bleibt dir nur der Glaube an die Geschichte, die dir einst erzählt wurde, arbeite gut und hart. Die Geschichte vom ehrlichen, harten Arbeiter als wertvolles Gesellschaftsmitglied ist ein Narrativ, welches nur zur Hälfte stimmt. Denn egal wie hart die Person arbeitet, wird sie doch nie viel verdienen, und egal wie gut die Arbeit ist, haben doch immer noch andere echte Macht. Wenn du etwas haben willst, lohnt es sich, von Anfang an danach zu streben. Und wenn dir jemand erzählt, eine Ausbildung sei doch gut um schon früh Geld zu verdienen, wird dir nicht erzählt zu welchem Preis. Dennoch fängst du bei einer Bank an, denn dort ist das Geld. Und wenn du es nach einem Jahrzehnt zum Filialleiter geschafft hast, fällt dir auf, dass du Jahrhunderte bräuchtest, um hier mehr als gehobener Mittelstand zu werden. Und so sehr du auch die Dekoration bestimmen kannst, sagen dir doch immer noch andere, was zu tun ist. So bist du nur eine*r von vielen und hältst dich doch für etwas besseres, weil all dein Einsatz nicht umsonst gewesen ist, deine Haltung und Umgebung deinen Stand bezeugt, und du Abends bei Frau und Kind bist. Wenn du dich dennoch fragst, was fehlt, fängst du an, hinter deine Illusion zu schauen und das macht Angst. Deine Zeit ist knapp und so erzählst du den deinen, was dir einst erzählt wurde, und lebst eine Geschichte von anderen, statt die deine zu leben.

Nicht alles ist so wie es scheint. Was in der oberen Geschichte fehlt, ist, dass der Antrieb nie hinterfragt wurde. Wenn du ein Leben lebst, welches andere von dir erwarten, wird es selten deines sein. Unsere kulturellen Definitionen von gesellschaftlicher Akzeptanz sind überproportional von denen geprägt, die sich bereits in Machtpositionen befinden. So kann dir als erstrebenswert erscheinen, was dir nicht nutzt. Kein Herrscher gewinnt einen Krieg ohne Soldaten*-innen, aber kein*e Soldat*in gewinnt am Krieg. Was also tun? Scheiß darauf, was "die Gesellschaft" sagt, und frag zuallererst dich selbst, wohin dich dein Inneres zieht. Tatsächlich wird das in den wenigsten Fällen Geld oder Macht sein; aber was auch immer es ist, du wirst dafür zu kämpfen wissen, weil es dir mehr bedeutet, als dein Stand.

Wenn du Lebenswege nur nach Geld, Macht oder Ansehen bewertest, vergisst du, dass du dir selbst bestimmen kannst, was von Wert ist. So kann eine Tätigkeit schlecht bezahlt oder angesehen dennoch deines sein, wenn du dich darin gefunden hast - aber nur weil du dich darin befindest, muss es noch lang nicht deines sein. Du bist Teil der Gesellschaft und prägst diese, mit dem was du tust. Und wird das deine nicht von der Gesellschaft akzeptiert, ist diese Gesellschaft nicht die deine. Die lebendige Gesellschaft ist immer dynamisch und du nimmst keinen Platz in dieser ein, du bist der Platz.

Ist Geld und Macht neben all dem nun egal? Nein, neben den praktischen Gründen dafür, gibt es auch kulturpsychologische Gründe: Ein eleganter Anzug hat Bedeutung, ein geschminktes Gesicht hat Bedeutung, ein teures Auto, eloquente Sprache, definiertes Auftreten hat Bedeutung. In der Pratchett'schen Belletristik wurde hierfür der Begriff "Boffo" geprägt, etwas gewinnt Realität, nur weil es so wirkt als ob. Ist der anzugtragende Mann reicher oder die ungeschminkte Frau? Wir können uns bewusst gegen solche kulturhistorisch geprägten Vorurteile wehren, aber müssen dafür aktiv werden. Es geschieht in unseren Alltagen viel automatisiert und somit unbewusst, fällt uns oft also gar nicht auf - bis wir eben darauf achten. Umgekehrt können und sollten wir uns diese erkannten Mechaniken aber auch zunutze machen, sofern es unserer Intention nicht schadet. In unser heutigen Gesellschaft bleiben beispielsweise immer noch viele Türen verschlossen, wenn du dich nicht wohlhabend oder gutaussehend gibst - um dieses zu tun, musst du es aber nicht sein: Solange ersichtlich ist, wie etwas ist, wird es erst mal nicht hinterfragt, und der Schein gewinnt Realität. Und damit kommen wir zum Anfang zurück: Solange doch ersichtlich ist, was ein gutes Leben ausmacht, warum solltest du auf die Idee kommen, über deine tatsächlichen Ziele nachzudenken? Solange du den Boffo nicht siehst, scheint es real. Und wer glaubt nicht einer guten Geschichte?

3 Wir in: Das Kapital

3.1 Kapitalismus ist eine Utopie

Kapitalismus als Modell neben weiteren, wie Sozialismus, Anarchie, Diktatur, für die Basis einer Gesellschaft. Kapitalismus als freie Gesellschaft, die jeglichen Wert in Geld berechnet, sei es Arbeitszeit, Kultur, Land. Alles austauschbar, wenn man sich auf die Summe einigen kann. Die Gesellschaft als Wirtschaft, inklusive Effizienzstreben und Preisdruck. Unabhängigkeit gleicht finanziellem Freiraum. Eine Gesellschaft offen für jeden mit Geldwert. Alles indirekte Effekte des kapitalistischen Ideals, jeder Wert wird quantifiziert in einer erdachten Währung und ermöglicht so einen freien Warenkreislauf. Ohne Geld bliebe schließlich nur ein direkter Warentausch, ein Verteilen von oben oder einseitige Aneignung. Geld ist hier nur Mittel zum Zweck, ohne echten Selbstwert, mehr wie ein Versprechen, centgenau quantifiziert. Jedem der seine Wert. Menschlich tödlich.

Warum nun eine Utopie? Nun, nähmen wir an es gäbe für alles einen gottgegebenen Wert, den jede*r einsehen könnte, wüssten wir genau, wie viel etwas wert ist und könnten entsprechend damit umgehen. In der Realität ist dies nie der Fall, wir wissen nicht, wie gerechtfertigt ein Preis ist. Selbst Menschen, die sich beruflich mit monetärer Bewertung beschäftigen und all die Informationen nutzen, die sie kriegen können, wissen nicht, wie viel etwas tatsächlich wert ist. Wäre dem anders, würde das den Aktienhandel überflüssig machen, Aktien zu handeln wäre wie einen zehn Euro Schein gegen einen anderen zehn Euro Schein zu handeln. So könnten wir uns in dieser Utopie nach den tatsächlichen Werten richten, Dinge wie Umweltkosten würden sich in Produktpreisen niederschlagen, Ausbeutung wäre nicht möglich, nicht nur weil jeder um den Wert wüsste, sondern die Kosten auch über die ganze Kette berechnet würden. Es lassen sich hier ganz fantastische Geschichten erdenken, je nachdem wie genau man die Kriterien nimmt. Die Realität ist bekanntlich anders. Nicht nur wissen wir nicht um tatsächliche Werte, sondern sind mit verschiedensten Wertinterpretationen eines Produkts konfrontiert. Mehr noch, es gehört zum Geschäft, andere zu täuschen und zu tricksen - denn etwas wird genauso viel wert, wie du andere glauben machen kannst, dass es wert ist. Ehrvolles Verhalten stellt hier nur eine sehr Eingeschränktes Bewegungsspektrum dar. Intransparenz ist nicht nur Berufsgeheimnis, sondern Teil des Geschäftskonzepts. Je weniger man ohne dich weiß, desto mehr kannst du erzählen. Die Grundidee des Kapitalismus scheitert an der Realität.

Abgesehen von diesen im realen Kapitalismus sozialen Verhaltensweisen, ist es selbst bei bester Gewissheit euphemistisch gesagt schwierig, den tatsächlichen Wert eines Produktes zu berechnen. Wie sieht der gesamte Herstellungsprozess, von der rohen Erde an, aus? Wie ist die Lebenserwartung und Nutzdauer des Produktes? Was passiert danach, bis das Produkt wieder zu roher Erde geworden sein wird? Was sind all die Kosten, die auf diesem verwundenen Weg entstehen? Welchen Einfluss hat das Produkt auf direkt und indirekt Teilhabende? Was ist der persönliche individuelle Wert für dich? Für die Arbeiter*innen am Fließband? Für unsere Umwelt? Wir könnten einen deutlich genaueren Wert angeben, als das meist heutzutage der Fall ist, aber zu glauben, dass sich dies aus gelebten Kapitalismus ergibt, ist utopisch. So bleibt der reale Kapitalismus eine Spekulation mit unseren Leben.

3.2   Von Würde und Freiheit

Die Würde des Menschen ist unantastbar. So auch der erste Satz des deutschen Grundgesetzes. Neben all den anderen wichtigen Gesetzen ist dies eins der wichtigsten, wenn nicht gar das wichtigste. Auch wenn wenig direkte Aussagekraft besteht, legt es doch einen wichtigen Grundpfeiler einer Gesellschaft. "Unantastbar" heißt, dass nicht einmal der kleinste Eingriff zur Debatte steht, "des Menschen" heißt, dass Aussehen, Glaube, Geschlecht, Herkunft, Bürgerstatus, Verhalten, Mittel und so viel mehr keine Rolle spielen, es geht nur darum, dass du Mensch bist, und "die Würde" redet nicht von verschiedenen "Würden" oder individuellen Stufen einer Anerkennung, sondern es geht um die eine Würde. Bleibt die Frage, was die Würde des Menschen ausmacht. Hier gibt es eine ganze Bandbreite an Interpretationen, je nach Stand, Politik und persönlichem Werteverständnis. Es kann von "Ehre" als rein ideellem Konzept geredet werden, was ohne tatsächliche Aussagekraft darüber hinaus aber ein eher niedriger Standard ist (als rein ideell verstanden wäre in dieser Denkweise ein menschenwürdiger Kannibalismus möglich, was für die meisten Personen wohl einen Widerspruch darstellen sollte - es braucht also neben ideellen auch materielle Auslegung). Meist jedoch werden darüber hinaus Anforderungen an Umstände und Behandlungsweisen gestellt, um ein menschenwürdiges

Leben führen zu können. Hier lenke ich auch direkt Aufmerksamkeit auf den Begriff der Menschenwürde im Vergleich beispielsweise zur Würde eines Tieres, es geht um mehr als die reine Erfüllung physischer Grundbedürfnisse, welche wir Tieren als Lebewesen mindestens ebenso zustehen, solange es um eine Würdedefinition geht (nicht, ob diese auch gewährt werden sollte). Ohne hier weiter auf alle Varianten und Denkrichtungen einzugehen, stelle ich im nächsten Absatz mein Verständnis vor und ermögliche dir, soweit mitzugehen, wie du magst, oder dich zu fragen, warum für dich hier eine Grenze liegt, oder inwiefern du weiter gehen würdest. Denn letztlich besitzt nur unsere gemeinsame, gesellschaftliche Würdedefinition tatsächliche Gewalt und definiert unseren Alltag, sowie unsere Gesellschaft selbst, indem sie als Grundlage unseres Zusammenlebens dient.

Für mich bedeutet ein würdevolles Leben erfüllte Grundbedürfnisse. Du kannst genauso wenig ein würdevolles Leben führen, wenn du Hunger leidest, wie wenn du kein Dach über dem Kopf hast. Die Menschenwürde gebietet die Heilung von Krankheit und Verletzung, Zugang zu sauberem Wasser, Schutz vor Wetter und Witterung und einem Umfeld, welches unserer Physis nicht schädlich ist. Hygiene, Schlaf und Mobilität sind weitere Dinge, die ich zum physischen Bereich zählen würde. Im Prinzip geht es darum, dem Menschen zu ermöglichen, entspannt und zufrieden dazusitzen und sich zu fragen, was nun? Da kommen wir zum Bereich der individuellen psychischen Würde, eng verknüpft mit der gesellschaftlichen Teilhabe. So sollte der Mensch ein Recht auf individuelle Entfaltung haben, auf Selbstbestimmung und persönliche Entscheidungsgewalt, alles Begriffe der Freiheit: euphemistisch belegt und deshalb Einordnung bedürfend. Denn Freiheit in einem System muss auch immer im Kontext von diesem gedacht werden. Bezüglich einer gesellschaftlichen Freiheitsdefinition, gibt es hier den bekannten Ansatz, die Freiheit des Einzelnen höre da auf, wo die der anderen anfängt. Es geht darum, dass ein gemeinsames Leben nur unter gegenseitiger Achtung möglich ist (so ist eine anarchistische Gesellschaft eben keine). Im tatsächlichen Umgang miteinander ist dieses oft gar nicht so einfach zu beurteilen, was gibt dir das Recht, ein Stück Land nur für dich zu beanspruchen, und der restlichen Gemeinschaft Zutritt zu verwehren? Hier können je nach Auslegung schnell sozial-kommunistische oder liberal-anarchistische Uto- und Dystopien zustande gedacht werden. Wie aber schon bei der gesellschaftlichen Würdedefinition auch, ist hier deine persönlich, individuelle Definition nicht gewaltfähig gegenüber der gemeinsamen, gesellschaftlichen Definition, und besitzt so wenig Aussagekraft. Nun ist aber hier zu beachten, dass diese gemeinsamen, gesellschaftlichen Definitionen nicht statisch sind, sondern sich mit der Gesellschaft zusammen entwickeln. Und da sich

66

eine Gesellschaft aus Individuen zusammensetzt, ergibt sich letztlich auch deren Dynamik aus Einzelansichten.

Neben diesem Grad an Freiheit in gesellschaftlichem Kontext ist der Definition einer allgemeinen Menschenwürde Gleichbehandlung, Gleichberechtigung oder sogar Gleichstellung gefordert, eine Frage, welche sich bei Überwindung systemischer Barrieren erübrigen würde. Rechte auf Meinungsfreiheit, unabhängige Informationsquellen, Vereinigungsmöglichkeiten und Wahlen sind weitere Detailbeispiele. Ebenso wichtig ist, physisch und auf Meta-Ebene, eine Infrastruktur, welche Teilhabe ermöglicht. All diese Rechte und auch der Respekt dieser, machen für mich Menschenwürde aus. Denn: Was wäre daran würdevoll, von deinem Gegenüber nicht respektiert zu werden? Was wäre daran würdevoll, außenvor gelassen zu werden? Oder daran, sich nicht bilden zu können? Was wäre würdevoll daran, aufgrund deines Geschlechts gering geschätzt zu werden? Wo wäre die Würde, wenn du nicht frei sein kannst? Wenn du nicht entscheiden darfst, nicht über dich bestimmen darfst, dich nicht Entfalten kannst? Wo wäre die Würde, wenn deine Grundbedürfnisse nicht erfüllt sind? So wie die Würde eines einzelnen Menschen, dessen Leben lebenswert gestaltet, ermöglicht die Gewährung menschlicher Würde gesellschaftliche Freiheit.

Was würde es bedeuten, wenn man diese Definition von Würde ernst nehmen würde? Physische, psychische, soziale, gesellschaftliche, individuelle, persönliche Entfaltung. Ein eigener Wohnraum als Selbstverständlichkeit, Versorgung, Bildung, Mobilität als gegeben. Arbeit als Möglichkeit, nicht als Zwang. Persönliche Überlebenssorgen aus Mittellosigkeit nur mehr historisch relevant. Wohnungslosigkeit als exzentrischer Lebensstil, nicht aus Notwendigkeit. Unleistbar sagst du? Ich sage, maximal noch. Lasst uns Arbeit für die Gesellschaft automatisieren, nicht gegen den Menschen. Wachstum als Chance, nicht aus Zwang. Tatsächlich gemeinsam, und nicht Einzelne vor der Menge. Würde sollte keine Frage von Geld sein oder wo und von wem jemand geboren wurde. Lasst uns als Gesellschaft Menschenwürde ernst nehmen. Erst wenn wir in Würde leben, werden wir uns gerecht als Menschen.

3.3   Genetisch bedingter Reichtum und das Märchen einer Chance

Ist jemand mit reichen Eltern wertvoller als jemand aus mittelständischem Haushalt? Ist eine Frau weniger wert als ein Mann? Ist jemand, der in Europa geboren ist, ein wertvollerer Mensch als jemand, der in Afrika geboren wurde? Wenn nicht, wieso ist der europäische reicher als der afrikanische Mensch (Medianwert)? Wenn nicht, warum bekommen Frauen bei gleicher Arbeit ein geringeres Gehalt? Wenn nicht, was müsste jemand Mittelständisches tun, um selbst so reich zu werden wie das obere Prozent? Reichtum ist genetisch bedingt.

Und was ist, wenn du fleißig arbeitest? Die beste Ausbildung genießt. Erfolgsorientiert, leistungsfähig und skrupellos. Wer was erreichen will, muss mehr leisten. Überstunden, immerwährend erreichbar - Arbeit geht vor. Aufstieg durch die Ränge, durch die Unternehmen. Steigendes Gehalt, wachsende Chancen. Ein Gehalt, von dem andere nur träumen können; hart erkämpft, schließlich auf einem der Top Posten weltweit. Wenn du nun dein Leben lang sparst, hast du jetzt immer noch keine Chance im oberen Prozent zu landen. Und du hättest dein Leben dafür geopfert. Nicht, dass es nicht möglich sei, damit ein gutes Leben zu führen, nur eben reich wirst du durch arbeiten nicht. Du verhilfst immer anderen zu Gewinn, denn egal wie viel du verdienst, die Firma verdient an dir. Dennoch wollen wir an eine Chance glauben, und es gibt sie auch. Mit viel Glück, mit viel Durchhaltevermögen, zur richten Zeit am richtigen Ort die richtige Idee, und dann, dann mögen auch die Sterne als Taler vom Himmel fallen.

Das System scheint dir also übel mitzuspielen, gezinkte Karten gegen dich auf deinem Weg zu Reichtum. Aber überlegen wir mal, wenn es keine faire Chance auf Reichtum gibt, wieso gibt es Reichtum? Erben, Ausbeuten, vielleicht Glück. Ein Gehalt ist dafür nie hoch genug, gute Ideen werden gekauft oder kopiert, ein Lottogewinn ist so verschwindend gering im Vergleich zu echtem Reichtum. Reichtum, der private Chancen schafft: Wozu sich um lokale Kultur kümmern, wenn man kaufen kann? Wozu ethisch handeln, wenn man bereits so viel mehr als genug hat? Wozu sich mit der Lösung sozialer Themen beschäftigen, die einen nicht betreffen? Reichtum ermöglicht dir in anderen Kategorien zu handeln. Macht gewinnt an Anlagewert, du entscheidest, lenkst und diktierst mehr als neunundneunzig Prozent der Menschen zusammen. Die Gesellschaft bestimmt nicht mehr über dich, du bestimmst über die Gesellschaft. Reichtum einzelner Personen ist gesellschaftlich nicht erstrebenswert.

Reichtum sammelt sich an, weil es möglich ist. Wenn alle gleich sind, ist der, der etwas mehr hat, im Vorteil und wird so noch mehr haben wo andere weniger haben. Das dem so ist, muss nicht so sein. Hier spielt Politik eine wesentliche Rolle, Arbeit und Leistung sozialer zu gestalten. Wenn Besitz einiger weniger zu Lasten vieler geht, ist dieser asozial. Es geht nicht darum Leistungsanreize zu nehmen, sondern zu geben. Ein gesellschaftliches Gleichgewicht, welches nicht auf Lobbyismus und Propaganda, sondern auf Anerkennung beruht. Eine Gesellschaft, in der nichts von oben herabfallen muss, da jede*r den eigenen Teil beiträgt. Eine Gesellschaft der Menschen, nicht des Kapitals.

3.4   Der Wert eines Menschen I

Wie viel ist ein Mensch wert? Dazu müssen wir wissen, wie Wert gemessen wird. Wert in unser kapitalistisch geprägten Gesellschaft lässt sich immer in Geld umrechnen. Wie viel ist ein Brot wert? Du schaust beim Bäcker auf das Preisschild. Wie viel ist ein Unternehmen wert? Du schaust auf Kapital-, Immobilien- und Sachbesitz, sowie Umsatz, Gewinnaussichten und eventuelle Aktienkurse. Je wertvoller etwas ist, desto mehr Geld bringt es potentiell ein. Und je mehr Geld etwas einbringt, desto wichtiger und damit entscheidender ist es im kapitalistischen Sinne. Einer Arbeiterin ist ihr Unternehmen wichtig, da es ihr Lohn auszahlt, was gleichzeitig auch den Wert darstellt, den ihr das Unternehmen beimisst. Da sich dieser Wert jedoch negativ auf die Gewinnbilanz auswirkt, ist hier ein Unternehmen mehr wert, wenn es der Arbeiterin weniger zahlt. Hier kann nach unten hin optimiert werden, was natürlich begrenzt ist. Es gibt immer eine gewisse Menge, die investiert werden muss, um ein Produkt anbieten zu können. Deshalb ist es meist attraktiver, den eigenen Wert nach oben hin zu optimieren, was nicht natürlich begrenzt ist. So ist es möglich, dass zum Beispiel Unternehmen der New Tech allein aufgrund einer vielversprechenden Idee sehr hoch bewertet werden, ohne das bereits etwas entsprechend Wertvolles geleistet wäre; ein Erfolg im Sinne des Profit. Einem

Unternehmen ist demnach der eigene Aktienkurs oder die Gewinnaussicht wichtig, da dies die Bewertung des Unternehmens bestimmt (langfristige Werte, wie Produktionsstätten, bleiben vergleichsweise konstant im Wert, also sind mehr langfristige Anlage mit nur geringer Aussicht auf Gewinnsteigerung). Die Aussicht oder voraussichtliche Entwicklung ist für den Gesamtwert somit entscheidend, während langfristige Wertanlagen mehr eine Art Minimalwert darstellen. So ist ein sinkender Aktienkurs ein Zeichen für ein schwächelndes Unternehmen und dieses wird, unabhängig davon, ob dem tatsächlich so ist, im Wert sinken, allein aufgrund der Aussicht auf sinkenden Gewinn. Aufgemerkt, rein die Prognose ist hier schon bestimmend, unabhängig davon, was der eigentliche Unternehmensgewinn dann wirklich ist. Das ganze ist sozusagen selbsterfüllend, denn ein sinkender Aktienkurs heißt natürlich auch, dass die Aktien des Unternehmens geringer bewertet werden und somit der Gesamtwert sinkt. Diese Wetten funktionieren in beide Richtungen, je stärker etwas steigt oder sinkt, desto größer die Wertänderung. Mit diesem System wird Geld verdient, allein die Spekulation reicht aus, um privaten Profit zu erzielen. Und da diese nicht an tatsächliche Begebenheiten gebunden ist, ist auch der Wert eines Unternehmens nicht daran gebunden. Hier bieten sich also die besten Chancen, einer überproportionalen Wertsteigerung, und dahin wird auch optimiert.

Wie lässt sich also ein (Unternehmens-)Wert so steigern? Hier kommen wir zum Schlagwort der kurzfristigen Gewinnoptimierung. Nehmen wir an, du besitzt ein mittelmäßiges Unternehmen mit stabilem Umsatz und Gewinnaussichten: Dem Unternehmen geht es also gut, aber eben nicht besser. Du willst das Unternehmen aufbessern, willst wachsen, willst mehr Profit für dein Unternehmen und dich. Was machst du also? Du entlässt ein paar Arbeiter*innen, kürzt Gehälter und vermarktest das Produkt als neu mit erhöhtem Preis. Was hast du effektiv gemacht? Erstmal deine Kosten gesenkt ("den Produktionsprozess verschlankt") und deinen Gewinn gesteigert ("innovative Produktplatzierung"); direkt kostet dein Unternehmen weniger und bringt mehr ein, auf dem Papier ebenfalls direkt eine Wertsteigerung. Vielleicht wird dein Produkt auch langfristig schlechter oder es wird weniger gekauft, aber dass eben erst langfristig und spielt kurzfristig keine große Rolle. So steigt dein Kurs, das fällt auf. Wer mit dir von diesem scheinbaren Wertanstieg profitieren möchte, muss in dein Unternehmen investieren. So steigt dein Wert und damit dein Kurs weiter. Je schneller, desto besser, denn der gleiche Gewinn in kürzerer Zeit bedeutet höherer Profit und damit mehr Geld, also umso mehr Wert. Eine gute Geschichte ist hier erst mal wichtiger für den Wert deines Unternehmens als tatsächliche Entwicklungen. Schaffst du es, diese Wertsteigerung gut zu verkaufen, kann diese den tatsächlichen Werteverlust deines Unternehmens verdecken und das Spiel geht weiter. Oder dein Unternehmen verliert, was dir aber dennoch privaten Gewinn bringen kann, sofern du rechtzeitig aussteigst. Somit ist Kurzfristigkeit immer erst mal wichtiger für eine Wertsteigerung, nachhaltiger Werterhalt ist etwas langfristiges.

Das alles wäre unterhaltsam und lustig, wenn nicht auch unsere Gesellschaft an gleichem Wert gemessen würde. Tiefer einzusteigen in Themen wie Lobbyismus, Arbeitsmarkt oder Marketing wäre für dieses Kapitel zu viel, aber ich möchte deutlich machen, dass diese Wertdefinition entscheidenden Einfluss auf Politik, Wirtschaft und Gesellschaft hat. So wird überflüssige Technologie aus Privatprofit am Leben erhalten, einfach weil dort noch Geld ist, statt Steuergelder in noch kleine aber moderne Technologien zu stecken. So sagt dir entweder dein Stadtwerk, wie viel dein Wasser wert ist, oder eben dein Markenwasser und du kaufst eine Geschichte für ein Vielfaches des Preises. So wird dir erzählt, wie du zu konsumieren hast, es lohnt zu spalten, um wieder eine eigene Welt zusammenzupuzzeln. Alles nur, damit ein privates imaginäres Konto morgen voller ist als heute. Denn Geld bedeutet Wert, Wert ist ein Entscheidungsfaktor, Entscheidungen sind Ausübungen von Macht. Was bist du Mensch schon ohne Geld, so kurzfristig betrachtet?

Was ist also wenig wert, im Sinne der kurzfristigen Gewinnoptimierung, im Sinne des kurzlebigen Kapitals?

Bildung, dauert lange, ist teuer und rechnet sich vergleichsweise spät. Soziale Arbeit, betrifft vor allem wenig Kaufkräftige, mindert die Verfügbarkeit billigster Arbeitskräfte und ist aufwändig. Erhaltung von Mensch und Umwelt, vergleichsweise robust, ist beides kurzfristig wenig relevant, zudem Kosten ohne direkten Gewinn, ist also per Definition nur ein Verlustposten, der also geschickterweise vermieden wird. Niemand Gewinnorientiertes legt seine Aktien für Generationen an, denn was hätte er/*sie denn noch davon?

3.5   Der Wert eines Menschen II

Was ist ein Mensch nun wert? Allein aus ethischen Gründen sollte klar sein, dass dieser selbstverständlich nicht in Geld gemessen wird. Davon abgesehen, würde scheinparadoxerweise unsere kapitalistische Gesellschaft davon profitieren, individuellen Menschen einen Geldwert zuzuordnen. Um auf das Kapitel von Kapitalismus als Utopie zurückzugreifen, müsste in einem ideal gelebten Kapitalismus, alles einen echten Geldwert besitzen und auch zu diesem gehandelt werden. Dazu zwei Fragen: Wie viel können Multimilliardäre*innen tatsächlich an Geld Wert sein? Und wie viel Kapital gewinnt ein Land eigentlich durch die Aufnahme von Flüchtenden?

Um diese Fragen in dem gewählten Kontext beantworten zu können, versuchen wir diese rein wirtschaftlich zu betrachten; sprich, wir klammern in diesem Gedankenexperiment insbesondere Ethik und Moral aus. Beginnen wir mit jemand Geflüchtetem, meinetwegen männlich, ungebildet, mittelalt. Sind wir wirtschaftlich besser mit oder ohne ihm dran? Was kostet er uns? Minimale Integrationshilfe, eher unterdurchschnittliche Nutzung unserer vorhandenen (Sozial-)Infrastruktur. Was verdienen wir? Im Minimum eine Arbeitskraft im Billiglohnsektor, immer händeringend gesucht, da, verständlicherweise, kaum jemand diese Arbeitsbedingungen übernehmen will. Je nach (vorhandener) Ausbildung, können auch dementsprechend wertigere Tätigkeiten übernommen werden. So oder so werden auf diesen Arbeitsplatz Steuern gezahlt und die Wirtschaft erhält eine Arbeitskraft, die unterdurchschnittlich kostet. Nun lässt sich diskutieren, wie teuer eine funktionierende Integration und eventuelle Ausbildung tatsächlich ist, hier sollte jedoch schnell klar werden, dass selbst vermeintlich hohe Kosten, auf ein (verbleibendes) Arbeitsleben hochgerechnet, verschwindend gering sind. Hier bitte ich im Zweifelsfall, sich bei betroffenen Unternehmen zu erkundigen, welchen wirtschaftlichen Nutzen diese für zu Verfügung gestellte Integrierende bei der Ausbildung sehen. Hier entsteht oft eine erstaunliche Diskrepanz zwischen politischer Orientierung und tatsächlichem wirtschaftlichen Interesse. Neben dieser sehr oberflächlichen Betrachtung, kommt hinzu, dass Flüchtende meist überdurchschnittlich arbeitsmotiviert sind (mangels Alternativen; so wie die Kriminalisierung auch eine Folge mangelnder Arbeitserlaubnis ist und uns so doppelt teuer zu stehen kommt) und oft auch gerade Gebildete und Leute, die genug Geld für eine erfolgreiche Flucht besitzen, unter den Flüchtenden sind. Es ist für die Gesamtwirtschaft eines Landes also schädlich, weil ein Verlust, Flüchtende nicht aufzunehmen. Auch spielt hier die Menge nur eine positive Rolle, mehr, bedeutet mehr billigere Arbeitskräfte und zeitgleich mehr Konsum; Wachstum ist wirtschaftlich erstrebenswert. Die Frage einer Flüchtlingsaufnahme stellt sich also nur politisch, da es sowohl wirtschaftlich nützlich, als auch sozial gerecht ist. Die Frage einer persönlichen Einstellung hierzu stelle ich hier nicht, denn dann müssten wir die Hälfte unserer Nachbarn ausbürgern, was gesellschaftlich nicht tragbar wäre.

Nun auf der anderen Seite, jemand, der ein unglaubliches Vermögen angehäuft hat, ich rede hier weniger von den einfachen Millionären/*-innen, sondern von dem Prozent oder gar Promille, welches mehr besitzt, als zwei Drittel der Menschheit zusammen. Nehmen wir an, jemand habe ein solches Vermögen tatsächlich erarbeitet (und nicht ererbt, was der Normalfall wäre). Dieser jemand sei einfach unglaublich intelligent, mit einem intuitiven Gespür für Wirtschaft und einem goldenen Händchen. Es wird klar, dass hier das

Eis schon sehr dünn wird, da in Realität doch mehr von Entscheidungen anderer, Zufällen und Glück abhängt, als man selbst tatsächlich Einfluss hat. Aber des Arguments wegen, wie viel mehr ist so ein Mensch wert, als ein*e durchschnittliche*r Arbeiter*in? Wenn du ein Unternehmen mit hundert Mitarbeitern hast, bist du dann hundertmal mehr wert? Nein, denn du allein könntest deine Mitarbeiter nicht ersetzen; wahrscheinlich wäre dein Unternehmen schon bei einem einzigen fehlenden Mitarbeitenden weniger leistungsfähig. Und hier kommen wir der Sache schon näher, fehlt "der Kopf", der Chef eines Unternehmens, ist dieser deutlich schwieriger zu ersetzen als ein*e einfache*r Angestellte*r. Vielleicht musst du zehn mal so lange suchen, bis jemand Qualifiziertes gefunden wird, vermutlich aber nicht tausendmal so lange. Du könntest anders argumentieren, jemand superreiches sei jeweils einzigartig: Aber ist das nicht jeder? Sind Entscheidungen getroffen worden, die nicht auch jemand anderes in dieser Position hätte fällen können? Es ist gefährlich jemand als gottgleich anzusehen, nur weil er oder* sie sich in einer deiner Welt fremden Position befindet. Letztlich sind das alles auch nur Menschen, Menschen mit anderen Möglichkeiten und in anderen Umgebungen, aber unsere Biologie ist die gleiche. Was gäbe es also weiter für Gründe, warum jemand solchen Reichtum verdient? Harte Arbeit, von Anfang an, auf hohem Niveau. Jemand ist also nicht nur sehr gut in etwas, sondern investiert auch unmenschlich viel Zeit in die Arbeit, meinetwegen 24 Stunden am Tag. Aber du siehst, hier kommt so maximal ein Faktor von Vier gegenüber einer achtstündigen fünf Tage Woche bei raus. Sagen wir also dieser jemand sei wegen Bildung und persönlichen Fähigkeiten hoch gegriffen noch hundert mal so viel wert wie ein*e durchschnittliche*r Arbeiter*in, so kommen wir bei einem Faktor von Vierhundert raus: Wenn du als Durchschnittliche*r also Fünfzigtausend Euro an Wertanlagen hast, wäre dieser Superreiche also zwanzig Millionen wert. Woher kommen also die Milliarden und Billiarden? So viel privater Besitz ist wirtschaftlicher Unsinn, es gibt weder Rechtfertigung, noch Nutzen einer solchen Menge. So etwas ist weniger Hinweis auf unbegrenzte Möglichkeiten, als mehr Warnung eines versagenden Systems. Und wir reden hier erst mal rein vom Versagen eines marktwirtschaftlichen Systems, gesellschaftliche Konsequenzen sind hier noch nicht einmal mit in Betracht gezogen worden. Mehr Geld als jemals individuell sinnvoll ausgegeben werden kann, Geld, welches mehr der Selbsterhaltung dient, als zum Wirtschaftskreislauf beizutragen, Geld in solchen Mengen so konzentriert, dass es den Markt verzerrt. Es ist im gesamtwirtschaftlichen Interesse, solch Konzentrationen zu vermeiden, aber oft leider nicht im privaten Interesse. So ist Politik gefragt, das gemeinsame Interesse über Einzelinteressen zu stellen, und die Wirtschaft als Ganzes zu stützen.

Zum Ende hin möchte ich noch erwähnen, dass der echte Wert eines Menschen in der Individualität liegt. Nicht ein einziger Mensch lässt sich ersetzen. So ist real auch oft eine einzelne persönliche Geschichte mehr wert, als all dein angespartes Geld auf dem Konto. Güter lassen sich kaufen, Liebe ist einzigartig.

3.6 Gegen den Menschen

Nachfolgend möchte ich drei Beispiele geben für nachhaltig negative Auswirkungen des realen Kapitalismus auf unsere Gesellschaft. Nicht jedes Unternehmen ist böse, nicht jede Investition aus schlechten Absichten. Neben all den Schatten gibt es auch Licht. Das bitte nicht vergessen. Nur, wenn für das System im Zweifel gegen den Menschen heißt, scheint es Nachbesserungsbedarf zu geben.

Nach des Bekanntwerdens des hausgemachten Klimawandels wurde 1998 eine Desinformationsagenda seitens der Ölriesen erschaffen. Damals hätte es ein beherztes Eingreifen einfach gemacht, die Erderwärmung zu vermeiden. Unser Klima wäre gemäßigt geblieben, Naturkatastrophen Ausnahmen gewesen. Generationen an Menschenleben hätten geschützt werden können. Wir wären mittlerweile einer nachhaltigen Energiewirtschaft nahe. Stattdessen wurde Desinformation, Lobbyismus und Intransparenz groß gemacht. Ein Kapitalgewinn.

Wenn dein Geschäft auf fossilen Brennstoffen beruht, liegt es in deinem Interesse, diese zu weiterzuentwickeln, zu erforschen, möglichst viel zu wissen - denn diese sind dein Geschäft. Ähnlich wie zuvor die Tabakindustrie, findest du heraus, dass dein Produkt, dein Geschäftskonzept sehr schädlich ist. Dir geht es in erster Linie um die Energiegewinnung und so negativ die Auswirkungen auf unsere Umwelt auch sein mögen, sind diese indirekt, nichts, was man (ver-)kaufen möchte. Also hältst du dich bedeckt über negative Auswirkungen deines Produktes, als dein Recht, dein Geschäftsgeheimnis; alles für die Firma, deinen Ruf, deine Position. Bis zu dem Moment, als die Öffentlichkeit davon erfährt: Du musst aktiv werden, denn die Wahrheit ist nicht auf deiner Seite. Die Alternative wären Umsatzeinbrüche, Absatzverluste, Arbeitsplatzabbau - alles Dinge die direkt dich selbst betreffen, während die Klimakatastrophe jeden trifft. Wenn die Realität nicht auf deiner Seite ist, schaffst du eine eigene. Wenn du diese gut erzählen kannst, erscheint es möglich, dass deine Geschichte wahr sei. Du machst dir die Bequemlichkeit der Menschen zu nutze, ist es doch viel angenehmer, wenn alles so bleiben kann, wie es ist. Du kannst viel Geld verteilen, falls alles so bleiben kann, und sicherlich wirst du deiner gesellschaftlichen Verantwortung gerecht werden, solange nur alles so bleiben kann. Dein Unternehmen ist deine Aufgabe, erste Priorität dein Job und manchmal müssen zum Vorteil des Unternehmens harte Entscheidungen getroffen werden. Was zählt der Mensch, wenn es um dein Kapital geht?

Während der Pandemie ab 2020 wurden Impfstoffe entwickelt. Diese Impfstoffe wurden patentrechtlich geschützt. Es gab Verknappungen von Gütern. Für uns als Menschheit wäre es hilfreich gewesen, diese Patente freizugeben, um möglichst schnell die Pandemie zu beenden. Um möglichst viele Menschenleben zu retten. Um möglichst wenig Langzeitfolgen zu haben. Um Mutationen des Virus im Zaum zu halten. Stattdessen wurden die Patente aus wirtschaftspolitischen Gründen behalten. Ein Kapitalgewinn.

Du forscht an Impfstoffen. Du steckst eine Menge Geld in diese Forschung, alles ist teuer. Aber falls du erfolgreich bist, ist auch der Gewinn unglaublich hoch. Es ist Pandemie. Auf einmal stehen Geldmengen zur Verfügung, von denen du nur träumen konntest. Du steckst das Geld in deine Forschung, alles ist teuer. An der Spitze der Forschung schaffst du das, worauf du lange hingearbeitet hast. Du bist erfolgreich, dein Impfstoff funktioniert und ist anwendbar. Du verdienst unglaublich viel, Ausbau der Impfstoffproduktion, Weiterentwicklung des Impfstoffes, Forschung an Neuem. Aber ist es deine Entscheidung? Das investierte Kapital muss sich lohnen, ohne Kapital gibt es kein Geld, und alles ist teuer. Das was du hast, ist wie ein Rezept zum Gold drucken. Natürlich könntest du dieses Rezept weitergeben, aber wer kauft dann noch dein Gold, wenn es jeder drucken kann? Natürlich ist es nicht wirklich Gold, es ist ein Bauplan, ein Rezept welches Millionen an Menschenleben retten und dabei weltweit die Pandemie beenden könnte. Aber solche Aussichten sind für dein Unternehmen wirtschaftlich irrelevant. Nicht, dass du ein Interesse an dieser Pandemie hast, auch wenn sie dir nutzt, aber du bist zuerst am Verkaufen interessiert. Du musst verkaufen in einer Gesellschaft, die deinen Wert in Geld misst. Und das ist dann deine Aufgabe. Was zählt der Mensch, wenn es um dein Kapital geht?

Im Sommer 2021 wurden interne wissenschaftliche Untersuchungen führender Sozialer Medien bekannt. Polarisierung, Extremisierung, Deprimierung - nicht als unerwünschte Nebeneffekte, sondern als Konzept. Es wäre möglich gewesen, Medien zu schaffen, die uns die Welt zeigen, uns bilden, uns als Menschen näher bringen. Es wäre möglich gewesen, das Glück des Menschen zu priorisieren und nicht dessen Werbewert. Stattdessen ist der Mensch nur mehr Konsumgut. Ein Kapitalgewinn.

Du bist an der Vorfront der Wirtschaft, deine Produkte so fortschrittlich, dass weder Gesellschaft noch Politik versteht, was du tatsächlich verkaufst. Nach außen hin bist du die moderne Plattform, verknüpfst Menschen und Interessen. Die Informationen, die du besitzt, sind einzigartig in ihrer Menge und Tiefe. Aber sind nicht das, was du handelst. Verknüpfung dieser ist der Kern deines Geschäfts. Und das Gewähren von Zugriff. Du bist nicht Concierge, sondern Schlüssel. Zu jedem Raum der in deiner Reichweite liegt. Deine Technik ist nicht da, wo sie sein könnte. Du weißt das und setzt deine Ressourcen auf Entwicklung und Forschung. Du bist privates Unternehmen, du verstehst dein Geschäftsfeld in aller Breite, aber investierst nur in das, was sich auch privat lohnt. Deine Margen sind klein, aber du dominierst den Markt. Deine Methodik ist rudimentär, aber effektiv. Mehr ist besser. Du hast die Zahlen, die Informationen, und optimierst. Du kannst dir nicht leisten zu stoppen, langsamer zu werden. Dein Unternehmen lebt von der Geschwindigkeit, von der Datenmenge. Es ist nicht wichtig, was die Leute nach Nutzung deines Unternehmens fühlen, die Nutzung ist für dich das interessante. Es geht nicht darum, was die Leute auf deiner Plattform konsumieren, solange sie partizipieren. Du optimierst nicht auf ein höheres Ziel hin, nur auf mehr ist besser. So simpel, wie es sein könnte, denn mehr bedeutet mehr für das Unternehmen, mehr Zukunftsfähigkeit, mehr Geld. Mehr ist erste Priorität, und du weißt sehr genau, wie du mehr erreichen kannst. Daten und Dynamiken sind dein Geschäft, du hast keine Wahl, wenn du das Profitabelste willst. Was zählt der Mensch, wenn es um Kapital geht?

Wo bleibt bei diesen drei Beispielen der Lichtblick? Nun,

alle Handlungen sind irgendwie schlüssig im verdreh-
ten Sinn des realen Kapitalismus. Hier braucht es die
Politik, als ausführenden Arm der Gesellschaft. Natürlich tun die Unternehmen alles, was ihnen möglich ist,
um reicher zu werden. Und zu Reichtum kommt es sich
leichter mit mehr Macht. Bist du nun mächtiger, als die
Politik, lenkst du die Gesellschaft und nicht anders herum. Und Kapital gewinnt, ob mit oder gegen den Menschen.

3.7 Von Universalgelehrten zu Idioten: Ein Plädoyer für Open Source

Wissen und Information war immer etwas Wertvolles,
etwas Vorteilhaftes, etwas Wichtiges. Urheberrecht und
Lizenzierung erlauben die Monetarisierung von Ideen.
Das Zurückhalten von Wissen, verschafft private Vor-
teile gegenüber Unwissenden. Einzigartige Errungenschaften lassen sich gar patentieren. Je mehr an gesam-
meltem Wissen öffentlich verfügbar ist, desto weiter
entwickelt ist eine Gesellschaft (das Wissen schließt
hier selbstverständlich auf Meta-Ebene auch Methoden, Vermittlung und Kultur mit ein). In negativer Weise erlaubt Fehlinformation und Falschwissen genau Ge-
genteiliges. Es lässt sich Fortentwicklung stören, Propaganda aufrecht erhalten und es lassen sich Gesellschaften destabilisieren. So kann beispielsweise aus per-

sönlichem Profit eine Pandemie künstlich verlängert werden, indem gezielt Fehlinformation gestreut wird. Selbst wenn auch achtzig Prozent einer Bevölkerung nicht darauf hereinfallen, reicht die Verunsicherung des Restes aus, um eine eigentlich erlösende Impfkampagne zu destabilisieren. Solange (rechtlich geschützte) Information und (emotional politisch motivierte) Fehlinformation als gleichwertig wahrgenommen werden, wird ein Entscheidungsprozess mindestens verlangsamt (langfristig gewinnt Wissen durch die Wahrheit auf seiner Seite, aber bis dahin kann es bereits zu spät sein; vergleiche politische Abarbeitung zum Klimawandel). Dem kann durch qualitativ und quantitativ hochwertigen Diskurs, Journalismus und Berichterstattung entgegengewirkt werden. Aber insbesondere hierfür werden gute Informationen benötigt: Solange etwas geheim ist, lässt es sich nicht vermitteln. Und hier kommen offene Quellen ins Spiel.

Open Source ist ein Begriff ursprünglich aus der Softwareentwicklung, der Code eines Programms wird für jeden einsehbar veröffentlicht, sodass theoretisch jeder nachvollziehen kann, was genau in der Software passiert. So kann beispielsweise nachvollzogen werden, wie die eigenen Daten verarbeitet werden, welche Dinge gespeichert werden und wie das Programm welche Schlüsse zieht. Es ist kein Vertrauen nötig, denn es kann alles nachvollzogen werden. Weiterhin lassen sich so auch deutlich leichter etwaige Fehler finden und jeder kann potentiell an einer Weiterentwicklung mitarbeiten, ja gar eine eigene Variante auf gleicher (Code-)Basis schaffen. Ich würde mir wünschen, dass wir diese Idee der Herangehensweise mehr auf unsere Gesellschaft übertragen. Wir alle zahlen Steuern für unsere Politik, wieso sollte nicht auch deren Verwendung für uns einsehbar sein? Wenn alle Arbeit der Politik öffentlich einsehbar wäre, wie viel Steuerverschwendung, Betrug und Stagnation könnte aufgedeckt werden? Und anders, wie soll Rechtschaffenheit beurteilt werden, wenn das Schaffen nicht sichtbar ist? In der Wissenschaft ist ein solches Modell schon näher an einer tatsächlichen Umsetzung, da moderne Forschung gar nicht anders funktionieren würde; offene Grundlagen, nachvollziehbare Folgerungen und eigene Quelloffenheit entscheiden über wissenschaftlichen Wert. Leider findet dieser Wert weniger Beachtung, sobald es um wirtschaftliche Interessen geht. Denn wenn eine Information frei ist, wird ihr Wert allein anhand anderer Informationen gemessen und diese lässt sich dann nicht mehr für eine privat definierte Menge Geld verkaufen. Ein moralischer Grenzbereich ist hier die Medizin, so braucht jede Forschung am Rande unseres Wissens entsprechend viel Aufwand und damit Geld. In unserer aktuellen Gesellschaft funktioniert das über profitgelenkte Investitionen, was im Bereich des Menschenheils mindestens ethisch fragwürdig ist. So könnten deutlich mehr Leben gerettet und Leiden verhindert werden, wenn medizinische Errungenschaften für jeden einsehbar wären; nicht jeder hat genug Fachwissen oder gar Infrastruktur, aber die Kosten einer heutigen medizinischen Behandlung würden drastisch sinken. Auf der anderen Seite würde das in unserer realkapitalistischen Gesellschaft zu sinkenden Forschungs- und Entwicklungsmöglichkeiten führen, da ein deutlich verringertes Wirtschaftsinteresse vorhanden wäre, wenn bei gleichem Investitionsvolumen der Profit sinkt. Gleiches gilt entsprechend auch für den Wirtschaftsbereich insgesamt und die dort entwickelten Technologien, was in Teilbereichen besser (beispielsweise Computertechnologie) und schlechter (beispielsweise Energiesektor) funktioniert. Open Source schafft Transparenz und ermöglicht so weiteren Nutzen und Zurechenbarkeit. Ein gesamtgesellschaftlicher Nutzen, der entsprechender Anerkennung bedarf.

Was wäre das heutige Pendant eines Universalgelehrten? Längst sind wir zu weit fortgeschritten, als dass all unser Wissen in einer einzelnen Person vereinbar wäre. Dies war es tatsächlich schon nicht ab dem Moment, wo wir lernten unser Wissen zu teilen und somit nicht mehr alles selbst können mussten. Aber wie funktioniert dann heutiger Fortschritt? Ein Computer ist viel zu komplex um von Grund auf von einer einzelnen Person konstruiert zu werden. Stattdessen beruft man sich auf das Wissen vorheriger Entwicklungen und konstruiert auf Basis dieser etwas Neues in Zusammenarbeit. Heute geht es also weniger denn je um plattes Auswendigwissen von Informationen, sondern um die Metaebene von diesem; es geht weniger um die Informationen selbst, sondern um das Wissen wie diese zu finden sind. So wie man mit einem Taschenrechner auf einmal unmenschliche Berechnungen vollziehen kann, ohne Kopfrechnen zu beherrschen. Du musst die genaue Funktionsweise eines Taschenrechners nicht nachvollziehen, um ihn nützlich anwenden zu können. Auch hier lässt sich das Ganze wieder von der anderen Seite betrachten, wenn Informationen unzugänglich sind, bleiben nur die nächstbestverfügbaren. So mögen Glasperlen das Wertvollste auf der Welt sein, wenn du nicht weißt, was diese sind. Ungleichheit schafft Profitpotentiale. Eine*r Konsument*in kannst du erst mal alles erzählen, solange er/*sie unwissend ist. Hier ist langfristiger, gesamtgesellschaftlicher Gewinn oft konträr zu kurzfristigem, privatem Gewinn. Unsere kreativen Möglichkeiten, unser Tätigkeitenpotential, unsere Gedankenwelt hängen alle von unserem Wissen ab. Wenn wir keine Idiot*innen werden wollen, sollten wir für offene Informationen kämpfen. Jede*r könnte Universalgelehrte*r sein, wenn wir unser Wissen demokratisieren. Nicht weil wir dann mehr Wissen besäßen, sondern weil wir einen Zugang dazu hätten.

3.8 Leistungsloses Grundeinkommen

Welche Leistung muss erbracht werden um welches Einkommen zu erzielen? Diese Frage ist so offen formuliert, wie es nur sein kann, und trifft dennoch einen Kern des kapitalistischen Selbstverständnisses: Keine Bezahlung ohne Leistung. Alles besitzt einen Wert, für welchen es gehandelt wird. Es gibt nichts umsonst, höchstens gratis, beispielsweise als Werbewert verbucht. Um Geld zu erhalten, musst du etwas leisten, und von diesem Geld kannst wiederum du dir etwas leisten. Ohne eine Leistung erbracht zu haben, verdienst du auch keine Leistung. Nun kommen wir zu dem spannenden Punkt, was ist denn eine Leistung? So frei wie die Geschäftswelt ist, ist auch hier die Definition von Leistung; im neoliberalen Sinne könnte man sagen, alles was sich verkaufen lässt, ist eine Leistung. Dies führt zu seltsamen Konstrukten, beispielsweise dass allein Kapitalbesitz zu einer Geldquelle wird. Als Aktionär*in legst du dein Kapital in Unternehmensanteilen an und wirst dafür vom Unternehmen bezahlt. Als Vermieter*in legst du dein Geld in Immobilien an und wirst dafür von Mieter*innen bezahlt. Allein deine Kapitalanlage zählt hier als Leistungserbringung. Nun ließe sich sagen, dass wie hier in den Beispielen wie Aktienanlagen oder Immobilienanschaffungen, solche Investments immer mit Risiken verbunden sind, welche vergütet werden wollten. Aber ist dem so? Wäre es weniger risikoreich, sein Kapital als Barvermögen zu besitzen? Es ist nun mal nicht so, dass das irgendjemand mit Vermögen tun würde; Inflation fräße den Geldwert auf, während Immobilien und gewisse Aktienanlagen als mindestens wertstabil gelten. Somit ist es risikoreicher im Sinne der Werterhaltung, sein Vermögen nicht anzulegen. Wo ist hier also die Leistung in einer solchen Anlage? Das reine Ererben von Vermögen kann so zu einem leistungslosen Grundeinkommen führen, sofern man nicht bereits den Besitz eines gewissen Vermögens als Leistung bezeichne. Ursprünge eines solchen Vermögens liegen oft historisch begraben und dieses ist beispielsweise familiär weitergegeben worden (hier sollte man häufig nicht genauer nachschauen, aus welchen Leistungen diese Vermögen erbracht wurden, wenn man ein positives Menschenbild beibehalten möchte). Aber darum geht es nicht in diesem Kapitel, sondern darum, dass allein Kapital ausreicht, um ein leistungsloses Grundeinkommen zu beziehen - der individuelle Mensch spielt hier, wenn überhaupt, eine passive Rolle.

Was bedeutet das für eine Gesellschaft, wenn ein Mensch allein selbst keinen Wert hat, während Kapital bezahlt wird? Der Mensch wird so maximal als Beiwerk gesehen, während Kapital als Grundlage im Zentrum steht. Somit wird auf Kapital hin optimiert und gewirtschaftet, im Zweifel am Menschen vorbei oder dagegen. Das Mensch-Sein an sich wird bedeutungslos, es bleiben nur mehr Nutzer*innen, Konsument*innen, Lohnposten. Ein bedingungsloses Grundeinkommen stellt hier einen Gegenentwurf zum eben genannten leistungslosen Grundeinkommen dar, es steht erst mal jede*r Bürger*in zu, unabhängig von einem etwaigen Kapital. Hier wird also grundlegend zuerst der Mensch bedacht. Ein Gegenargument ist hier oft, dass Arbeit als solche auch eine Anerkennung privater Leistung sei und diese Chance weniger wahrgenommen würde, wenn eine fehlende Notwendigkeit bestünde. Diese Argumentation bleibt allerdings nur kohärent, wenn der Mensch allein durch Kapital einen Wert besitzt; in der Realität spielen Dinge wie persönliche Freiheit, kreative Entfaltung und soziale Findung eine mindestens ebenso große Rolle. Ein Grundeinkommen beschränkt nur mögliche Zwänge, welche bei Unantastbarkeit des Menschen sowieso unwürdig sind. Auch bereits ein nur indirekter Zwang spricht einem Menschen Entscheidungsfreiheit ab. Ich bin der Überzeugung, ein bedingungsloses Grundeinkommen würde mehr Leistung freisetzen, als ein leistungsloses jemals getan hat und tun wird. Das Leistungspotential eines Menschen ist höher, als das einer passive Kapitalleistung - denn es ist der Mensch, der die aktive Rolle spielt.

Letztlich sollte diese Prioritätenlage nicht überraschend sein, denn Kapitalismus steht eben wortwörtlich erst mal für Kapital und nicht für den Menschen. Ein System, welches historisch gewachsen auch so begründet ist. Bei knappen Ressourcen gewinnen diese an Wert gegenüber Konsumierenden und so bleibt der andere Mensch fürs Erste Konkurrenz im Überlebenskampf. Tief verankert hat diese Vorgehensweise über hunderttausende von Jahren unsere Evolution vorangetrieben und unser Überleben gesichert. Erst recht neu finden wir uns überhaupt in der Situation, einen anderen Ansatz wählen zu können durch technologische und kulturelle Entwicklungen. Es ist also ganz natürlich, dass wir uns erst mal selbst überzeugen müssen, welche Prioritäten Relevanz haben. Angst ist hier ein Treiber archaischer Verhaltensmuster, in Furcht fallen wir auf Bewährtes zurück und werden oft blind ob anderer Möglichkeiten. Deshalb hilft hier, wie so oft bei anderem auch, sich dessen bewusst zu sein und Aufmerksamkeit auf das zu lenken, was grundlegend erstrebenswert ist. Was bleibt von deinem Leben, wenn keine Menschen bleiben? Was bleibt von deiner Familie, wenn es keine Gemeinschaft gibt? Was bleibt von einer Gesellschaft, wenn du kein Teil davon bist? All das schmückende Beiwerk ist doch nicht mehr als das, Werkzeuge unseren gesellschaftlichen Fortschritts, bleibend ist der Mensch.

3.9 Wer soll denn all das bezahlen?

Was können wir uns leisten? Keiner wird abstreiten, dass eine gute Leistung ihr Geld wert ist. Aber gerade bei gemeinschaftlich getragenen Leistungen, fällt diese

Überlegung oft hintenüber. Oft reicht schon, dass ein direkter Bezug fehlt oder Ängste vor potentiellen Verlusten dominieren. Was spricht gesellschaftlich gegen die Einführung eines humanen Mietenspiegels? Deine Miete würde sinken, da Wohnraum sich weniger als Spekulationsobjekt eignen würde. So ein Verlust sei für Vermietende nicht leistbar? Wer sollte denn noch Wohnraum finanzieren? Statt auf diffuse Propaganda zu hören, ist es aufschlussreicher, sich heute umzuschauen, was tatsächlich passiert. Es gibt wenig Interesse an nutzenorientiertem Wohnungsbau, da die Profitmarge bei teuren Wohnungen deutlich höher ist. So entstehen Luxusapartments als Investitionsobjekte und Villen statt Häuser. Ob leerstehend oder vermietbar ist egal, solange der Immobilienpreis hoch genug ist, spielt eine Jahresmiete eine untergeordnete Rolle. Wir leisten uns den Mangel an bezahlbarem Wohnraum, überproportional von den Schwächeren der Gesellschaft bezahlt, während Besitzende kassieren und die Gesellschaft Stabilität einbüßt. Ein weiteres Beispiel bezüglich Leistbarkeit ist der menschengemachte Klimawandel, denn wer kann sich schon Klimaschutz leisten? Auch hier sollte analog zum vorangegangenen Beispiel gedacht werden, letztlich zahlt die Gesellschaft so oder so, entweder wir transformieren uns oder wir werden transformiert, entweder wir finanzieren einen Wandel in Richtung Nachhaltigkeit oder wir zahlen mit verlorenem Lebensraum. Letzteres kann nicht im Interesse der Gesellschaft sein (Grundannahme einer stabilen Gesellschaft ist deren Überlebenssicherung), wohl aber im privaten Interesse, wenn es eben um einen heutigen Gewinn geht. Deswegen lade ich zu einem Gedankenexperiment ein: Was könnte sich, rein theoretisch, unsere Gesellschaft bereits heute leisten?

Schauen wir uns dazu zuerst Reichtum an. Je reicher jemand ist, desto weniger von diesem Reichtum wird gesellschaftlich (und wirtschaftlich) effizient eingesetzt. Vieles von diesem Reichtum besitzt rein spekulativen Wert und ist somit nicht direkt nutzbar, dennoch ließen sich beispielsweise durch eine vermögensgerechte Besteuerung deutliche Investitionsmengen einsetzen, welche der großen Mehrheit der Menschen direkt und dem verbleibenden Prozent der Menschheit indirekt zugute kämen (welcher König hätte schon sein Mittelalter aufgegeben, und doch besitzt heute fast jede*r Geringverdiener*in einen besseren Lebensstandard als dieser). Weiterhin sind wir heute bereits effizient genug (oder besitzen die Mittel dazu) um jede*r einen mittelständischen Lebensstandard zu gewährleisten: Wir haben Lebensmittelüberproduktion, welche wir als Gesellschaft bereits mitfinanzieren; wir haben Wirtschaftspfade, welche uns als Gesellschaft mehr kosten, als dass sie bringen; digitale Methoden erlauben nicht nur einen drastisch verschlankten Verwaltungsapparat, sondern Partizipation auf Menschenebene und sind einfach kopierbar (ein Blick auf das Tang'sche Digitalministerium zeigt, in welche Richtung sich eine moderne Demokratie entwickeln kann). Ein bedingungsloses Grundeinkommen könnte uns günstiger kommen, als der Gesamtapparat der heutigen Arbeitslosen- und Sozialverwaltung ist. Nachhaltige Ernährung könnte fair bezahlt sein und wäre trotzdem günstiger als heute. Wohnraum wäre wieder zu leben und nicht zu haben. Ich bin der festen Überzeugung, dass wir uns vieles schon heute leisten könnten, auf Kosten Weniger für eine Gesellschaft der Utopie.

Ein Scheinargument hiergegen ist die Existenz prekärer Jobs. Wer solle denn noch all die vielen ungeliebten Arbeiten für wenig Geld machen? Ja, die Wertschätzung und Bezahlung ist gering, aber sei besser als gar nichts und so hätten die Leute wenigstens Arbeit. Dass diese Leute dort nicht aus humanitären Gründen angestellt sind, sollte jedem mit etwas Wirtschafts-, Menschen- oder Empathieverständnis klar sein. Viele einfache Arbeiten ließen sich bereits heute gut automatisieren, nur wozu investieren, wenn Arbeitskräfte billig verfügbar sind? So werden auch Menschen in Jobs gezwängt, weil sie keine andere Wahl haben, als aus ihrer Position etwas verdienen zu müssen. Wenn ein gewisser Lebensstandard eines Menschen erfüllt ist, entscheidet der/*die Arbeitnehmer*in, was ihm/*ihr die Arbeit wert ist, und das wird von Lohnzahlenden gefürchtet. Ich behaupte, solange wir noch keine Maschinen haben, die uns diese Arbeiten abnehmen können, sollte die Vergütung am

Menschen, und nicht der Arbeit, orientiert sein.

Hyperreichtum, du träumst von einem halben Reiskorn, während vereinzelte Privatpersonen auf Säcken voll Reis sitzen. Spekulation mit menschlichen Grundbedürfnissen, dein Leben dem Profit Einzelner. Wirtschaftlich kohärente Ausbeutung, solange der Zwang nur indirekt ist, nennen wir es keine Sklaverei. Schädigung unseres Lebensraumes, nicht weil man es nicht besser wüsste, sondern als Teil des Geschäfts. Wer soll denn all das bezahlen?

4 Und die Welt

4.1 Warum wir keine andere Wahl haben als in die Zukunft zu gehen

Sind wir zufrieden? Leben wir nicht gut, sind wir etwa nicht ausreichend versorgt, haben Luxus und sind Teil einer der fortschrittlichsten Gesellschaften? Sollten wir uns nicht zurücklehnen und zufrieden sein mit dem, was wir haben? Um der philosophischen Natur dieser Frage näherzukommen, verdeutlichen wir uns, dass diese Frage genauso von einer Person im Mittelalter gestellt werden könnte, oder gar von einem Menschen der Steinzeit: Wir haben eine Höhle, ein reiches Beerensammelgebiet und einen mehr oder weniger gesunden Stamm, was könnte man mehr brauchen? Der

Luxus von gestern ist die Selbstverständlichkeit von morgen. Wir streben nach Verbesserungen, insbesondere, wenn wir jung sind und die Modernität unserer Eltern unsere Alltäglichkeit ist. Dieses Streben ergibt sich auch aus evolutionärer Logik, wenn es eine Option zur Verbesserung gibt und wir diese nicht füllen, wird es irgendwann jemand oder etwas anderes tun, und uns damit unter Umständen voraus sein. Wir erhöhen also unsere Überlebenschancen, indem wir unsere Optionen bestmöglich nutzen. Das gleiche überträgt sich auch auf künstliche Systeme, wie Wirtschaft, Arbeitsmarkt, Politik. Die Ausnutzung eigener Möglichkeiten ist somit in gewisser Weise systeminhärent. Es bleibt nur Zukunft, wenn du nicht Vergangenheit werden willst.

Ist dieses Zukunftsstreben, dieses Streben nach dauernder Verbesserung unangebracht? Sollten wir uns nicht eher in Mäßigung üben und uns mit Vorhandenem zufriedengeben? In diese Richtung fallen beispielsweise manche Argumente im Sinne von Umweltschutz, in welchen Zukunftsstreben mit reinem Wachstumsstreben gleichgesetzt wird, wir könnten es uns nicht leisten, den Planeten immer weiter auszubeuten, was richtig ist, und wir sollten uns deswegen bescheidener geben und auf Luxus verzichten, was weniger richtig ist. Schauen wir uns historischen Landverbrauch, Nutzung von Arbeitskraft und tatsächliche Produktion, sowie Lebensstandard an, so sehen wir, dass wir immer effizienter geworden sind. Der Verbrauch und die Verschmutzung durch das erste Auto war, bei deutlich schlechterer Leistung, auch deutlich höher als bei einem modernen Auto. Das Problem liegt also nicht an der besseren Technik, im Gegenteil, moderne Technik geht beträchtlich sparsamer mit den Ressourcen um. Und realistischer Weise schaffen wir es nur durch modernere Technik fossile Brennstoffe mit erneuerbarer Energie zu ersetzen. Ersatz ist realistischer als Verzicht, denn selbst wenn alle Menschen bereit wären, auf private Mobilität zu verzichten, so gäbe es doch immer noch einen Mindestbedarf an Logistik und öffentlichem Verkehr. Zukunftsfähig wäre es, all den Verkehr nachhaltig zu gestalten. Der Weg zurück zu weniger luxuriösen Zeiten mit entsprechend weniger Umweltbelastung ist nicht möglich mit der Anzahl an Menschen, die wir sind. Womit wir zu einem weiteren Punkt von Umweltausbeutung kommen: So schädlich aktuelle Landwirtschaft auch ist, sichert sie doch unsere Ernährung. Bei den benötigten Nahrungsmengen gibt es kein zurück zu ehemaliger Handarbeit. Sind wir also gefangen? Zurück zur Vergangenheit bedeute den Tod vieler und die Gegenwart bedeutet vieler Leiden? Was uns bleibt, ist die Zukunft. Und was wäre beispielsweise moderne Landwirtschaft, also modern im Sinne von zukunftsweisend? Biologische, regionale, nachhaltige Landwirtschaft ist am Wachsen, es entsteht ein Bewusstsein für einen Wert der Nahrung, der über den eigentlichen Nährwert hinausgeht. Das ist ein Luxus, der sich auf dem Weg zur Normalität befindet. Modernität und Zukunft muss also breiter gedacht werden, als nur im Sinne des Weiterdenkens aktueller Techniken und Methoden. Richtig gedacht, sind unsere heutigen Probleme keine der Zukunft. Wenn wir eine Wahl haben, wäre diese Zukunft die angenehmere.

Denken wir dieses Spiel weiter. Nehmen wir an, wir fänden einen Punkt der Balance, ab dem wir uns nicht weiterentwickeln würden und zeitgleich so nachhaltig wären, dass wir nichts mehr schädigen würden. Könnten wir so als Spezies ewig in Harmonie leben? Letztlich nicht, denn solange sich unsere Welt auch unabhängig von uns entwickelt, müssen wir uns so oder so an die Zukunft der Welt anpassen. Denn auch wenn wir an unserem Lebensraum entscheidend mitwirken, tun wir dies auf der Skala der Gesamtwelt, also des Universums, nicht. In sehr weit entfernter Zukunft wird unsere Sonne aufgrund physikalischer Prozesse anwachsen und die Erde verbrennen, ganz unabhängig von irgendwelchen Menschen. Das ist ein Extrembeispiel, aber verdeutlicht, dass wir, wenn wir eine Zukunft haben wollen, auch in diese gehen müssen. Eine Expansion in den Weltraum ist also nicht nur Spielerei, sondern langfristig lebensnotwendig. So wie sich alles über Zeit wandelt, wandeln auch wir uns. Der Unterschied zu vielem anderen ist, dass wir unsere Zukunft bewusst steuern können. Wir sind den äußeren Dynamiken ausgesetzt, aber sind selbst bewusster Teil davon. Das Leben ist eine prägende Dynamik. Alles davor ist schon gewesen, das Jetzt entscheidet deine Zukunft. Zu leben bedeutet in die Zukunft zu gehen.

4.2 Methoden des Denkens

Das Denken selbst ist ein vielschichtiger Prozess, durch seine Komplexität uns als Individuen prägend, und doch gibt es allgemeine Methoden des analytischen Verarbeitens von Information, die uns helfen können, unsere Wahrnehmung der Welt zu versachlichen, zu ordnen, zu verstehen. Dieses Kapitel hat also nicht viel mit der subjektiven Ebene zu tun und hilft auf emotionaler Ebene nicht, aber es kann uns indirekt helfen, mit diesen umzugehen. Analytisches Denken ist letztlich auch nur ein Werkzeug, eines um Sachbezogenheit herzustellen; es hilft dir nicht beim Lieben, aber kann dir helfen Liebeskummer zu bewältigen. Also dieses Werkzeug nicht überbewerten, aber gezielt nutzen, um ein bewussteres Leben führen zu können. Denn je mehr du die Welt begreifst, desto mehr kannst du selbst entscheiden.

Unsere physikalische Welt beruht auf einer inneren Einfachheit. Etwas ist so, weil. Etwas hat nicht immer einen Sinn, aber Logik. Auch wenn wir noch nicht alles verstehen, funktioniert der Teil, den wir verstehen, sehr gut in diesem logischen System. Und da alles auf diesen Grundlagen aufbaut (bis hin zu unserem Denken selbst), ist auch alles, bis zu einem gewissen Grade, logisch. So hat es eben einen Grund, das Eins mal Eins nicht Zwei ist. Nicht die Welt baut auf unseren Modellen auf, sondern unsere Modelle basieren auf der Realität. Es steht dir frei, deine eigene Mathematik zu definieren, hilft dir aber nicht, wenn diese nichts mit unserer Welt zu tun hat. Hat man also die Auswahl zwischen einem sehr glücklichen Zufall oder einer logischen Verknüpfung, wird es wohl eher die Logik sein, auch wenn man gerne an eine schöne Geschichte glauben würde.

In der gleichen Richtung liegt ein ordentlicher Vergleich. Dem Volksmund zuwider, lässt sich erst mal alles vergleichen - wie gut, ist eine andere Sache. Neben all dem Diffusen gilt es zuerst, verlässliche Informationen zu sammeln und sich auf deren Wichtigkeit zu besinnen. Hat man die Kerneigenschaften erkannt, lassen sich auch Äpfel und Birnen vergleichen, zum Beispiel nach Reifegrad; diesen nach Rotfärbung zu beurteilen, wäre jedoch recht einseitig. Auch lassen sich Informationen selbst bewerten, so sind beispielsweise quantitative Informationen, also Zahlenfakten, von höherwertig als nur qualitative Tendenzen, wie, "etwas steige an": Bessere Information beantwortet mehr Fragen (Um wie viel? Ist das außergewöhnlich? Wie lange? Erst jetzt?). Der nächste Schritt ist dann, die Herkunft der Informationen zu beurteilen: Eine Restunsicherheit gibt es immer, aber es ist eben doch ein Unterschied, ob sich eine Quelle seid Jahrzehnten damit beschäftigt und bewährt hat oder sich plötzlich jemand Unbekanntes meldet, der nur einen Wochenendkurs besucht hat.

Mit Logik verbinden wir auch Dynamiken. Also Aktion und Reaktion. Wobei man hier sehr vorsichtig sein sollte, denn allzu oft wird hier zu sehr vereinfacht. In einem komplexen System heißt es nicht, das auf eine starke Aktion auch eine ebenso starke Reaktion folgt, es kann genauso sein, dass der ins Wasser geworfene Stein zwischen Wellen verschluckt wird statt ein eigenes Muster zu erzeugen. Und allzu oft haben wir auch eine zu selbstsichere Vorstellung, wie wohl etwas zu funktionieren hat: Du sagst, wenn A dann B, aber was ist mit C? Ich brauche hier nicht mit Zeichenketten anzufangen, um zu verdeutlichen, dass es im Zweifelsfall immer bedeutend mehr Varianten gibt, als man sich meist ausmalt. Es spricht nichts dagegen, eine Variante als wahrscheinlich zu präferieren, aber so bleibt es selbst bei neunundneunzig prozentiger Sicherheit doch eben nur eine wahrscheinliche Reaktion und keinesfalls eine gesicherte. Die gleiche Analyse lässt sich auch auf Meta-Ebenen einsetzen, so heißt es beispielsweise nicht, dass nur weil ein System komplex ist, das Ergebnis auch komplex sein müsste (ein komplizierter Automotor dreht letztlich auch nur deine Räder) oder weil eine Sache einfach ist, dass Ergebnis auch einfach sein müsste (man lasse eine Glasplatte fallen). Es geht nicht darum, immer alles zu bezweifeln, wohl aber auf Nuancen zu achten. Oft sind es Details, die uns Hinweise geben, wie etwas funktioniert, Details die wir nicht sehen, wenn wir geblendet von der eigenen Vorstellung sind. Also zuerst wahrnehmen und annehmen, dann bewerten, einordnen und vergleichen, bevor das Wissen schließlich angewendet, übertragen und weiterentwickelt wird.

Zuletzt möchte ich auf eine wissenschaftliche Methode eingehen, und zwar, nun doch alles anzuzweifeln (aber eben nur als Methode, also ohne zwingend an diesen Zweifel zu glauben). Diese nennt sich Advocatus Diaboli, also den Berater des Teufels spielen. In der Wissenschaft geht es um Wahrheitsfindung, gibt es also eine These, die angezweifelt und widerlegt wird, kann diese nicht die Wahrheit sein. Wenn aber eine These der Anzweiflung und versuchten Wiederlegung trotzt, mag diese vielleicht die Wahrheit sein oder ist zumindest näher dran, als eine widerlegte These. Die gleiche Methode hilft auch bei der Lösungsfindung: Dadurch, dass kritisiert wird, lassen sich Probleme erkennen und Alternativen aufzeigen. Prozesse lassen sich immer verändern, nur weil etwas gut ist, muss es noch nicht optimal sein. Und genauso kann man etwas kritisieren, obgleich man es als richtig erachtet. Diese Methodik lässt sich insbesondere auch gut auf die eigene Person anwenden, eine gewisse Offenheit sich selbst gegenüber vorausgesetzt. Besinnungsübungen, Meditationen und dergleichen setzen oft auf eine gewisse Entfernung, Lösung von sich selbst, so dass sich Dinge aus anderem Blickwinkel betrachten lassen. In die gleiche Richtung geht der Spruch, man solle etwas nicht so ernst nehmen. Genau diese Lösung von sich selbst ist oft nötig, um aus gewissem Abstand nicht nur die Sache selbst sehen zu können, sondern auch Kritik losgelöst von sich selbst äußern zu können. Wie diese Lösung lässt sich auch der Advocatus Diaboli lernen, sich nicht mit dem Ergebnis zufriedengeben, sondern dieses versuchen von allen Seiten zu durchlöchern (als Methode versteht sich, es ist eine schlechte Idee, nur mit dieser Brille durchs Leben zu gehen). Letztlich geht es um das Ausschöpfen der Freiheit, die dir gegeben ist. Solange du dem Raum, der dir gegeben ist, nicht bewusst bist, kannst du diese Freiheit auch nicht nutzen. Sieh dein Denken nicht als gegeben an, sondern nutze es als Werkzeug. Dein Bewusstsein bestimmt deinen Grad an Freiheit.

4.3 Überfluss ist lebenswichtig

Eine perfekte Maschine ist hundertprozentig effektiv. Sie nutzt nur so viel Energie, wie gerade nötig. Sie erledigt ihre Aufgabe perfekt, nicht mehr und nicht weniger. Sie weicht nicht ab von ihrem Zweck und geht nicht kaputt. Eine perfekte Maschine lebt nicht.

Was ist nötig um kreativ zu sein? Die Möglichkeit zu scheitern ohne Strafe. Die Möglichkeit zu spielen. Die Möglichkeit etwas anders zu machen. Jede Freiheit kommt mit dem Preis der Untereffizienz. Wenn du wählen kannst, darfst du immer auch die andere Möglichkeit wählen. Ohne Kreativität keine Wissenschaft, ohne Freiheit keine Gesellschaft, ohne Untereffizienz kein Leben. Evolution braucht den Freiraum auszuprobieren. Nur wenn sich Möglichkeiten vergleichen lassen, kann die bessere ausgewählt werden. Konkurrenz der Vielfalt, der vielen Taugenichtse. Wenn etwas mehr braucht, als eigentlich nötig wäre, ist es nicht vollständig effizient. Überfluss ist lebenswichtig.

Also Überfluss fördern? Bedingt. Dinge, die wir gut verstehen, sind es wert optimiert zu werden, und Optimierung schafft Effizienz. Unser Gehirn ist beispielsweise sehr effizient für das, was es leistet. All unsere Technik, ob Motor oder Computer, lebt von Effizienz. Physikalisch, biologisch, informatisch ist Effizienz leistungstechnisch definierend. Aber menschlich? Definiert sich der Mensch als solches über Effizienz? Der biologische Körper darf als effizient betrachtet werden, so wie auch die Biologie der Lebewesen um uns herum. Unser biologischer Körper allein ist aber nicht das, wodurch wir uns als Menschen definieren. Bewusstsein ist das, wodurch wir uns auf anderer Meta-Ebene abgrenzen. Was ist dann lebenswichtig für die Menschlichkeit? Nennen wir ein effizientes Leben ein gutes

Leben? Effizienz ist erstrebenswert für Dinge, die wir nutzen. Aber genauso wenig, wie ein Kunstwerk nutzt, nutzt die reine wissenschaftliche Erkenntnis. Und dennoch sind sie wichtig. Für unsere gesellschaftliche Weiterentwicklung und technischen Fortschritt. Unser Sozialleben ließe sich wohl effizienter gestalten, aber was bliebe dann noch? Wo bliebe unsere Menschlichkeit, wenn wir Lebenswert beurteilen würden? Wir sollten aufhören, effizient leben zu wollen. Wir sollten Mittel und Zweck nicht verwechseln, nicht Werkzeug und Werk. Wir können effizient zur Arbeit fahren, wir können effiziente Nahrung zu uns nehmen, wir können effizient Heizen, aber wir können keinen effizienten Charakter haben, nicht effizient träumen, nicht effizient lieben. Überall, wo mehr als eine perfekte Maschine gefragt ist, brauchen wir Überfluss. Und überall da, wo wir noch keine perfekte Maschine haben, brauchen wir Überfluss. So finde ich, wir sollten Überfluss mehr zu schätzen wissen. In einem System ohne Zweck nach Effizienz zu streben, ist, wie etwas zu suchen, was inexistent ist. Und wenn du deinem Leben einen Sinn geben kannst, ist es umso mehr wert, danach zu streben.

4.4 Quantenphysik für Uninteressierte

Die Physik beschreibt, wie unsere Welt funktioniert. Auf sehr grundlegendem Level, aber dafür beschreibt sie eigentlich alles (zumindest indirekt; bis ein Physiker einen Einzeller zusammengebaut hat, vergehen sicherlich Milliarden an Jahren). Teil der Physik ist die Quantenphysik: Häufig mystifiziert, als etwas Komplexes, Ungreifbares. Etwas, dem in der Populärkultur oft einzelne Fragmente entnommen werden ohne angemessene Einordnung oder Bewertung. Teils auch verstrickt in chaotische Argumentationen mit wilden Folgerungen, gerechtfertigt mit dem Verweis auf all die Kompliziertheit und schwere Verständlichkeit. Aber was machst du, wenn du ein Haus bauen möchtest, aber nicht weißt, wie das geht? Gehst du zu Architekten, Baugesellschaften, Leuten deren Fachgebiet der Hausbau ist oder ließt du einfach ein paar Bücher über Hausbau und machst dir dann noch ein paar eigene Gedanken? Gerade bei Themen, die mystifiziert sind, ist es sinnvoll, sich für echte Fakten an Experten zu wenden. Und bei aller Komplexität, werden Quantenphysiker dir sagen, dass das alles berechenbar ist. Kein Spuk, keine Magie oder mythischen Energiewirkungen - im Prinzip reicht ein großer Zettel und ein paar Rechnungen später haben wir eine schöne Beschreibung. Wer also an der Quantenphysik interessiert ist, möge sich intensiv mit dieser beschäftigen. Nichts, was wir hier tun werden.

Nun kommen wir also bei der unwissenschaftlichen Beschreibung der Quantenphysik an, vor welcher ich gerade gewarnt habe. Also seht es als das, was es ist: Eine Geschichte, die auch physikalisch Uninteressierten, die Grundideen der Quantenmechanik näher bringen soll. Denn hätten wir die Quantenphysik nicht, wäre wohl all unser Leben bereits vorbestimmt. Wie ein perfektes Uhrwerk würde alles ineinander greifen und keinen Raum für "wahrscheinlich" lassen. Alles könnte von Beginn an Durchgerechnet werden bis hin zu der Bewegung eines einzelnen Sandkorns. Und so wie unsere Gedanken auch nur auf Elektronen in unserem Gehirn beruhen, könnten auch diese wie Sandkörner berechnet werden. In einer solch deterministischen Welt hätten wir nie eine Wahl gehabt, alles nur Ursache und Wirkung. Genaustens berechenbar für jemanden mit allen Informationen. Dystopisch, falls unsere Welt so gewesen wäre, denn hier kommt die Quantenphysik ins Spiel. Quantenphysik gibt uns Unsicherheit. Wir wissen nicht genau, was passiert. Es gibt einen Freiraum für Zufall. Es gibt einen Freiraum für eine echte Wahl, die nicht bereits vorbestimmt ist. Allein diese Unbestimmtheit mag unserer Kreativität, Leben, Individualität Sinn geben. Aber Moment! Habe ich nicht eben geschrieben, dass sich in der Quantenphysik ebenfalls alles genaustens berechnen lässt? Ja, dem ist auch so. Nur, dass wir hier mit Wahrscheinlichkeiten rechnen. So wie wir bei einem Würfel wissen, dass die Eins, Zwei, Drei, Vier, Fünf oder Sechs je mit einer Wahrscheinlichkeit von genau Eins zu Sechs gewürfelt werden, so wenig genau können wir sagen, welche Zahl es nun wird, wenn wir würfeln. Wenn wir also in der

Quantenphysik von Unsicherheit sprechen, meint das nicht, dass sich nicht alles genau berechnen ließe, es heißt nur, dass wir nicht immer sagen können, ob etwas nun schwarz oder weiß ist (vielleicht lässt sich hier aus den Erkenntnissen der modernen Physik etwas für unsere Gesellschaft mitnehmen). Insgesamt folgt daraus übrigens nicht, dass die Mechaniken der klassischen Physik unnütz seien; diese Modelle beschreiben unsere Welt sehr gut, solange man nicht genau hinschaut.

Woher kommt nun diese "Unsicherheit" physikalischer Systeme? Dazu ein einfaches Beispiel: Stelle dir vor, du lässt einen Ball eine flache Rampe herunterrollen: Oben rollt er erst recht langsam, wird dann schneller, bis er schließlich übers Ende der Rampe hinaus schießt. Der Ball ändert seinen Ort und wird über die Zeit schneller. Jetzt stelle dir vor, du hättest Superkräfte und könntest jederzeit die Zeit anhalten. Wenn dich jetzt jemand fragt, wo der Ball um genau Zehn nach Zwölf ist, könntest du zu diesem Zeitpunkt einfach die Zeit anhalten und dort wo der Ball liegt, eine Markierung auf der Rampe machen. Wie lässt sich Geschwindigkeit messen? Geschwindigkeit ist Strecke pro Zeit, also zum Beispiel Kilometer pro Stunde. Was heißt das? Naja, wie lange brauchst du für die zweihundert Kilometer von Ort A nach Ort B, wenn du genau hundert Kilometer pro Stunde fährst? Du misst die Strecke und teilst durch die Geschwindigkeit. Nichts anderes machen wir auch, wenn wir die Geschwindigkeit messen:

Wir schauen uns an, wie lange das Auto braucht, um diese Strecke zurückzulegen. Wie machen wir das also für unser Ballspiel? Wie schnell ist der Ball am Anfang? Du stoppst die Zeit, der Ball bewegt sich nicht mehr, aber du machst einen Strich an die Stelle. Exakt eine Sekunde später stoppst du die Zeit wieder und machst einen zweiten Strich, der Ball ist scheinbar fünf Zentimeter weit gerollt in dieser einen Sekunde. Das ist eine Geschwindigkeit. Wiederholen wir diese Messung am Ende der Rampe: Zeit stoppen, Strich machen, eine Sekunde warten, zweiten Strich machen, wir messen als Abstand zwischen diesen Strichen nun ganze siebzehn Zentimeter. Der Ball hat sich am Ende der Rampe wohl schneller bewegt als am Anfang. Nun könnten wir also auch Geschwindigkeit messen in unserem Ballexperiment. Wenn du diese beiden Messmethoden in unserem Beispiel verstanden hast, kommen wir damit zum grandiosen Finale: Sag mir bitte, wie schnell der Ball ist - und wo er sich gleichzeitig befindet! Womit wir bei der Quantenphysik wären: Du kannst den Ort messen, aber dann hast du keine Geschwindigkeit, oder du kannst die Geschwindigkeit messen, aber dann hast du nicht den Ort, sondern mindestens zwei Orte. Nun gibt es mehrere Ansätze, statt einer Sekunde könntest du den Zeitabstand für deine Geschwindigkeitsmessung immer kleiner machen und beispielsweise nur das Zehntel einer Sekunde warten, doch das Problem bleibt: Du hast zwei Orte bei deiner Geschwindigkeit und eigentlich sogar auch alle Orte zwischen diesen beiden. Und anders, auch wenn du einen einzelnen Ort genaustens einzeichnen kannst, so ist mit der eingefrorenen Zeit auch der Ball eingefroren, egal wie schnell er eigentlich ist. Frierst du die Zeit etwas langsamer ein, so ist der Ball verwischt und du kannst vielleicht die Geschwindigkeit erahnen, weißt aber auch nicht mehr wo der Ball nun genau ist. Zusammengefasst: Wenn du wissen willst, wo sich der Ball genau befindet, musst du die Zeit anhalten. Dann bewegt sich der Ball aber nicht mehr, du weißt also nicht, wie schnell er ist. Lässt du die Zeit laufen, kannst du sehen wie schnell der Ball ist, aber du kannst nicht auf den Millimeter genau sehen, wo der Ball liegt. Nun könntest du dir komplexe Messaufbauten überlegen, das Experiment aufs genauste wiederholen und letztlich aufs gleiche hinauskommen: Es macht keinen Sinn gleichzeitig Ort und Geschwindigkeit zu messen. Eines von beiden, gerne. Beides zusammen, maximal so ungefähr. Das nennt sich Unbestimmtheitsrelation und ist Quantenmechanik.

Wie in der Physik so oft, ergeben sich aus diesen einfachen Erkenntnissen komplexe Phänomene. So gibt es beispielsweise das Gedankenexperiment mit der Katze, welche gleichzeitig tot und lebendig ist. Das ist natürlich Quatsch, solange wir nicht genau hinschauen, ist sie weder noch. Ohne hier genauer darauf einzugehen, hat die Schlussfolgerung doch Relevanz: Solange etwas nicht genau bestimmt ist, ist es unbestimmt. Hört sich banal an, aber erzähle das mal einem klassischen Physiker. Vorstellbar ist das in etwa so: Auf einer vierspurigen Autobahn weißt du nicht, auf welcher Spur ein Auto fahren wird, es hat schließlich alle zur Auswahl. Verengst du die Autobahn so, dass nur noch eine Spur möglich bleibt, weißt du genau, wo sich die Autos befinden, aber verursachst höchstwahrscheinlich auch Stau. Es ist nicht möglich "passiv" zu messen, jede Messung/Bestimmung, wirkt auch auf das System zurück. Und während einem Elefanten egal ist, wenn der Wind etwas kräftiger weht, kann das für einen Schmetterling wegweisend sein. Auf der anderen Seite bleibt von dem Experiment, was man nicht weiß, macht einen nicht heiß. Solange etwas unbestimmt ist, verhält es sich auch so. Wenn du zwei Türen offen lässt, musst du damit rechnen, dass auch beide genutzt werden. Warum sollte auch das gleiche herauskommen, wenn du den einen Tag die eine Tür und den anderen Tag die andere Tür offen lässt? Dann hätte man ja keine Wahl. Wenn wir uns die kleinste Bauteile unserer Welt vorstellen, oft auch als "Teilchen" bezeichnet, ist das nur ein sehr einfaches Model. In echt sollte man sich eher so etwas wie einen Brei vorstellen, der eben nur die Form annimmt, die er annehmen muss; gehst du mit einem Sieb hindurch, schlägt er Wellen, tropfst du auf den Boden, bekommst du einen Klecks. In diesem Sinne ist unsere Welt also faul, es passiert nichts, was nicht unbedingt nötig ist. Macht nun ein Baum, der im Wald umfällt, ein Geräusch, wenn ihn niemand hört? Natürlich, die Luft um den Baum herum "hört" sehr wohl, wenn sie von diesem Beiseite geschoben wird, Geräusche sind nichts anderes als Druckänderungen in der Luft. Ob du das hörst, ist eine andere Frage.

Im letzten Abschnitt dieses Kapitels möchte ich den Trick verraten, warum sich diese Systeme bei aller Komplexität oft einfach berechnen lassen: Es gibt eine nach unten endliche Zahl von Energiezuständen. Stelle dir vor, du machst einen großen Schrank, der eigentlich viele Fächer hat, immer kleiner. Irgendwann ist der Schrank so klein, dass einfach nur noch Platz für vielleicht drei Fächer bleibt. Es mag noch Schränke mit sehr dünnen Wänden geben, die du noch kleiner machen kannst, aber irgendwann passen auch hier keine Fächer mehr rein. Auch aus informationstheoretischen Gründen ergibt es Sinn, dass Informationsmenge Energie kostet, auf eine größere Festplatte passt einfach mehr. Ein solches System kann nicht beliebige Zustände annehmen, sondern hat, wie ein tickender Sekundenzeiger, nur bestimmte, diskrete Zustände. Das ist insofern interessant, dass damit unsere Welt meist gar nicht beliebig genau ist, sondern, wie wenn man bei einem Bildschirm genau hinschaut, verpixelt ist. Und damit möchte ich wieder zum Anfang hin schließen: Wie bei einem Würfel, der eben nur soundsoviele viele Seiten hat und sich deswegen auch so gut berechnen lässt (Wahrscheinlichkeiten), lassen sich auch diese physikalischen Systeme sehr gut berechnen, ganz weit weg von irgendeinem Mystizismus.

4.5   Von Geist und Seelenheil

In diesem Kapitel geht es um Spiritualität, Glauben, Religion oder vergleichbare Wertegemeinschaften, alles, was mit Seelenheil, Zweck und Bestimmung zu tun hat, im entferntesten Sinne so auch Schicksalsglaube. Da ich selbst abendländischer Kultur bin, werde ich vereinfachend von Gott sprechen, meine aber eigentlich all dies Vorhergenannte und Vergleichbares. Wenn du dich also mit etwas besser identifizieren kannst, ersetze Gott bitte in den folgenden Abschnitten durch das deine.

Gibt es einen Gott? Rein sachlich, wissenschaftlich betrachtet, von der physikalischen Realität und dem Menschen ausgehend, wohl eher nicht. Wohl kaum einer würde von einem gottbetriebenen Auto sprechen oder Gott die Wochenmarktverordnung überlassen. So würde ich mir auch wünschen, dass entsprechend Religion aus Sachthemen und insbesondere Politik herausgelassen wird. Denn werden eigene Interessen über Gott argumentiert, gibt es keine Sachbezogenheit als gemeinsamen Boden. So wenig, wie du deine Finanzplanung auf Gott stützen solltest, solltest du dieses auch bei anderen Sachlichkeiten vermeiden. Und dazu zählt eben auch, dass du deine persönliche Individualität nicht generell über die der anderen stellen solltest.

Aber, gibt es nun einen Gott? Hier würde ich argumentieren, auf individueller Ebene, wenn es dir hilft, ja. Denn wenn du daran glaubst, mit diesem deinem Ideal lebst, ist es Teil von dir. In deinem Körper, in deinem Kopf wird es real. Jede*r ist individuell, so kommt dieser göttliche Teil auch in jedem Menschen anders zu Vorschein. So würde ich argumentieren, dass auch andere Religionen oder Wertegemeinschaften, nur andere Interpretationen von ein und demgleichen Prozess sind. Nur ist dieser über Zeit von anderen Leuten anders interpretiert worden, Übersetzungen, ja Gesellschaften haben sich verändert, und das, was vor Jahrhunderten als eine weise Interpretation verschriftlicht wurde, ist nun aus dem Zusammenhang gerissen und wird als eigene Wahrheit fehlgeleitet. Ich würde mir hier wünschen, dass sich mehr auf den eigentlichen Kern besonnen würde: das Individuelle, das sehr persönliche des Menschen, unserer Seele. Seelenheil als Hilfestellung auf unseren Lebenswegen. Heilung eben als solche und nur da, wo gefordert. Zu oft werden persönliche Machtinteressen über Religion ausgespielt, zu oft sachbezogene Verhaltensauflagen auf Basis eigener Gesellschaftspolitik auferlegt, zu oft der Mensch vergessen. Was hat ein Konsumverbot mit Gott zu tun, was ein pompöses Gebäude? Ich behaupte, gar nichts.

Andere mögen anderes behaupten und auch sie mögen Recht haben im Zusammenhang, dass ein gewisser Zustand der eigenen Göttlichkeit förderlich ist, dass eine gewisse Umgebung deren Wahrnehmung fördert. Aber allzu oft, wenn das Ambiente zur Hauptbeschäftigung wird, vergisst man den eigentlichen Sinn darüber.

4.6 [empty]

Schau in den Nachthimmel, sieh dir die Sterne an, fühle, wie viele du siehst. Wusstest du, dass das Licht, was in deine Augen trifft, älter ist, als du denken kannst? Dass Sterne schon wieder verglüht sind, bevor ihr Licht dich überhaupt erreicht hat? Wie alt bist du? Und was macht das aus, auf der Skala der Menschheit? Wie winzig ist doch die Zeitspanne der Menschheit gegenüber all dem Leben auf der Erde. Alles was du machst, wird vergehen im Laufe von Raum und Zeit. Und wärst du König, wäre dein Einfluss doch nichtig auf der Skala des Universums. Du bist nur hier im Jetzt. Existent als eine Leihgabe an Energie unseres Universums. Warum bist du existent? Weil es geht. Was ist reine Existenz wichtig? Wenn keine Definition von Sinn existiert, ist die Frage die falsche. Du bist jetzt. Und du bist nicht allein. Ordnung eines biologischen Systems auf höherem Level. Du bist du. Warum machst du etwas, wenn nicht aus dir? Andere teilen dein jetzt. So wie du nicht bleiben wirst, formst du doch die kleinste Welt um dich herum. Freiheit erlaubt für Kreativität. Und wenn du gehst, mögen deine Ideen wachsen.

Wenn ich überhaupt einmal leben möchte, dann in diesem Moment. Alle Vergangenheit bereits geschehen, die Zukunft nur eine vieler. Hier und jetzt ist alles was ich bin. Ich war jemand anders, und werde jemand anders sein. All dein Gefühl, dein Glück, deine Seligkeit liegt im Moment; was war ist Erinnerung, was sein mag ist Hoffnung. Dieser Moment ist ein immerwährender Zeitpunkt, eine Kurve als Dynamik, welche wir Leben nennen. Oft scheint uns Vergangenheit und Zukunft so weit, aber du bist niemals dort. Du warst und wirst sein, aber sein tust du nur jetzt. Und im Jetzt kannst du sein. Diesen Moment kann dir niemand geben und niemand nehmen, dieser Moment bist du und dieser Moment ist einzigartig. Niemand kann sein, was du bist. Denn jetzt bist du.